偽公務員的菜鳥日記

屋裡寶寶　圖/文

序

天生叛逆又充滿鬼點子的我，剛進入公部門時，每天除了大罵著社會不公、人性醜惡、長官無能……之外，簡直悲觀地覺得，自己即將在這個無趣又抑制腦力發展的地方枯萎了。最能逃離現實的，只有寫下一篇篇的菜鳥日記了。我的日記像是一面鏡子，忠實地記錄下這段日子的每一天、每段成長過程。當年那些讓人無法忍受的官僚和迂腐、壓榨和忙碌，不知道為什麼，如今回首，都變得生動鮮活又讓人懷念。或許是因為已經離開這整個體系，才能講得如此輕鬆愜意吧。

臉書粉絲團已經開站兩年有餘，一直想要讓體制外的人能多理解公部門一點、化解多一些偏見，光是這個小願望，就艱難地讓人無數次想要放棄。儘管還是捉摸不清粉絲們的好惡、對臉書的觸擊率始終無法控制、也沒有預算買廣告做行銷，但謝謝親愛的夥伴們一直以來的支持，在很多熱血快要冷卻的時候，捎來一封封的鼓勵、重新燃燒我枯竭的靈魂。

還有很多想說的故事、想刺激的對象、想改變的事情，明知道不

可能馬上實現,就讓我天真地繼續努力踏步吧。成就感是一個很神奇的東西,即使沒有實質報酬,卻能成為一直想要前進的動力。

這本書要獻給一直相信和支持我的家人和愛人們、當年並肩作戰的夥伴們,因為你們陪我在這艱困的公部門底層戰鬥了一圈,才有現在的寶寶。還有獻給,仍在為這個城市變得更好而努力著的你們。

屋裡寶寶
2018.10

Wulibaobao 和她的夥伴們

小主管
老闆說什麼都好
（反正會有別人做）
雖然有長腦袋卻已經
很久不使用了。

寶寶的同伴
總是睡不飽，
工作也總是做不完。
聽話、乖巧。

wulibaobao
左撇子，
對世界充滿好奇
和熱情，不受控制。

目次

CHAPTER 1　菜鳥登入中

CHAPTER **2** **官場現形記**

CHAPTER **3** 衙門求生指南

CHAPTER **4** 公務員圖鑑

CHAPTER **5** **公文用語教室**

\# 菜鳥就是該死

\# 沒有蜜月期

\# 瑣事疲勞轟炸

菜鳥登入中

從沒想過有一天會闖入衙門，菜鳥每天都在這個奇幻世界發現新的體驗，那些曾經對公部門有著悠閒、輕鬆、緩慢的各種想像，如今就像一個從不存在的神話。菜鳥的每一天，就從不斷追趕著永遠沒有終點的公文清單開始⋯⋯。

CHAPTER **1**

菜鳥日記
連我自己都不敢相信

那個一直以來最討厭公務員假公濟私又愛擺臭臉、總是古靈精怪、鬼點子特別多、有一顆反抗體制的腦袋的我，竟然就這樣，要邁入人生中另一個不可思議的階段了。

連我自己都不敢相信，我竟然要成為公家機關中的一顆小螺絲釘。

放假放到骨頭都快散了，每天的生活既相同又有點不同，心情好時自己下廚，心情不好就約個會一起吃午餐；悠閒的下午茶時光以及每週固定的修理牙齒時間，已經成為生活的一部分。在家的時候，念書之餘偶爾一邊盯著臉書、一邊跟上班的冗員們線上聊天，也培養了第二第三第四興趣，洗洗衣服煮煮飯玩玩桌遊，像家庭主婦那樣。

差不多過了四個月有餘，競爭力都被每天平凡的生活沖淡了。考試以外的時間，還是不時去參加一些不是很有興趣的面試，不過我總把它想成是面試的練習──於是辜負了幾個嚴重缺人的公司。更由於生性反骨，硬是嚇跑了好幾個一板一眼的主考官，面試完他們只好「誇獎」我：「真是有想法的年輕人。」唉，在我心目中那些創意橫生的公司們，我想就暫時先放下吧。最後，我還是想先試試看讀了這麼久的這一行，是不是真的如我所想的那麼乏味、無聊或是令人厭惡。

默默地快轉到報到時刻。雖然我一直以為還有好幾天長假可以放，像是暑假那樣──應該是這樣的狀態才對呀，不過人事室阿姨打電話來

15

的時候可沒這麼想，除了叫我「今天、馬上、立刻、放下電話就可以準備來報到」之外，還不忘提醒我：「今天就來上班的話，我們會給你比較多薪水。」

報到面談一共有三位陌生的面試官。最右邊的面試官在聽了我說「研究所論文的寫作過程中，讓我具備了思考以及批判的能力……」後，開始緊張了起來──可能是公務單位並不希望有一些反骨分子混雜其中吧。於是不斷的再三確認我的思想以及所謂「批判」能力究竟為何。

「所以，如果有一個案子忽然進來，你要承受上面主管的壓力、民眾的壓力、乙方的壓力，你又要在當下替你的主管做決策，你有辦法接受嗎？」

「還有，如果你常常會需要加班，有一些莫名其妙的事情一直要你重新修改，你所謂的批判，有辦法忍耐嗎？」

我忽然覺得我是不是在一開始就講錯話了？面試的時候或許需要具備溫良恭儉讓的精神才對？我謹慎地辯解了所謂批判並不像面試官想像中那樣鋒利。嗯……或許吧。

在經過了近二十分鐘艱苦的審問之後，三名面試官給了我一致的評語及建議，告訴我經驗不足有多麼嚴重，以及要多看多聽多學，要我等候被分配到哪一個科室。終於，我被遣送出會議室。

擁有自由之身的最後兩天過得十分迅速，我含著淚把最近拿到的兩張百貨公司 VIP 下午茶券奉獻給妹妹，然後開始整理明天當小菜鳥應該要準備的文件。

我可不想要一輩子都當龐大機器內

部的一根小螺絲釘，畢竟我大概天生就是有一點反抗思想，更不用說惱人的公文、繁複死板的公務程序等等。朋友安慰我，跟我說：「好不容易拿到門票了，就在這裡看看吧。」我心裡馬上浮現了：我只是來見識一下公家機關而已，沒有想要在這裡一輩子的念頭。

我會不會慢慢變得又無聊又沉悶、時常說些不著邊際的官話，而且天天都擺臭臉啊？還是會因為每天看什麼都不順眼，馬上就想要撤退走人了？

天啊，我要當小菜鳥上班族了，而且還是最不可思議的公務員那種。誰相信啊。

但事實就是，小螺絲釘明天要上工了。仁慈的公家機關特別趕在長假前要我先去報到，請期待小螺絲釘在公家機關的潛伏吧。

再見了，我的自由生活。

菜鳥日記
我好菜，菜就是該死吧！

02

今天是上班第一天。一大早，陌生的專員從辦公室走來，要我畫兩個民眾申請案的流程圖，由於電腦裡什麼軟體都沒有，只好去跟資訊人員借電腦。花半個小時把流程圖畫完後，經過隔壁前輩的提醒，要我默默等兩個小時再把檔案寄給他。

接著處理完人生中第一件審核公文、還寫了人生中第一張開會通知的便箋。雖然全程都需要指導，不過至少知道便箋要怎麼打了。然後是人生中第一次發文，匯出成簽，並且體會簽稿併陳是什麼意思。

之後接到民眾電話，說他打官司三年了，要告市政府、拿國家賠償，我不知道該回什麼好，只能沉默，最後他祝我步步高升、身體健康。掛上電話後，我親愛的股長竟然要

我下禮拜就去傳說中的大會報告，屆時我的年資剛滿一個禮拜，到底是他瘋了嗎，還是我要瘋了？

中午前，專員再度致電要我重畫 15 個流程圖，股長忍了一個早上，終於怒叱專員：「去找別人！」厲害的是，專員竟然還偷打內線和我說：「因為股長在生氣，所以你現在聽聽就好，不要回話，你中午偷偷來找我，再幫我畫。」

菜鳥生活第一天，依舊什麼都不會，但認識了幾個熱情的新同事。

菜鳥心得：每天都在忙碌、奔跑，無法含糊也不能裝傻度過。只能眼看會摸魚的人如魚得水，看他們不介意別人眼光也能活得自在輕鬆。而菜鳥……大概真的該死吧。

菜鳥日記
生活必須繼續之何來蜜月期？！

03

今天一大早就看到老友來訪，一面覺得今天很幸運，一面悠閒地處理完簡單的存查公文，打開審核案，仔細檢視所有的細節……。到中午之前，順利聯絡完所有申請人，請他們今天下班前把該檢附的簡報都email 給我，一切都看似很順利，到了中午吃飯時，我還能悠哉地和同事說：「我覺得今天好悠閒喔，真開心。」

但事情真不是一個菜鳥想得這麼簡單，到了下午，一切忽然都失控了。

由於股長疑似不認真看公文，導致公文又要全部重寫一次。哀痛之餘，我發現他實在好喜歡把事情都丟給我，今天竟然要我開始接另一個行政區的案子，我哀求他是不是能等到這次大會結束再移交工作，他不置可否地點了點頭，又問了上週交給我隔壁股的業務進度。還說，這工作兩週前就已經給我了。

見鬼了，我今天上班才第九天，何來的兩個禮拜，公務員不是算工作天的嗎？我覺得眼前一黑，公文永遠處理不完，還有一大堆雜事要辦。

下班前不久收到了臨時發來的開會通知單，股長要我明天一個人到府外的局處開會，並說：「不管別人問了什麼問題，你就說我們沒有意見就好了。」除了他依舊神態自若之外，我覺得所有人都很擔心，我只好問隔壁的同事姐姐，她才幽幽

地說：「這個公文如果一開始就好好處理，應該會發現是隔壁科的業務，明天就不會是我們出席了。」而這些，都是因為我第三次問股長以後，發現他完全不擔心，另外詢問其他人才知道的。

幸好同事人都很好，體恤我這個大菜鳥，在下班之前急忙找了隔壁科的大姊明天帶我一起去開會。於是今天就默默加班到了九點，還學習了如何值班以及鎖門等新手須知。

菜鳥日記
傳說中的大會初審

今天一整天都籠罩在忙碌、不爽、委屈、悲哀等等的情緒裡面。

先來和大家簡介一下傳說中的「大會」。

大會初審基本上每月召開一次,委員們必須審理一些比較麻煩、難以判定的案件,其實是一件很麻煩的事情。更麻煩的事情是:大會召開的時間總是非常匆促,例如這次是星期三才知道三天後的早上要開會,在得知消息之後,就必須立刻聯絡各單位,請他們將提會的資料調出來,製作審查所需的簡報、意見回應等。這件事情很麻煩,尤其是案件多的時候。

就算案件再多、心裡再焦急,手上的其他案件仍舊必須處理,包括一

04

堆莫名其妙的公文、民眾陳情，以及接不完的電話。

開會時間就剩下三天能準備，卻在絕望地等到天荒地老後，才等到大會幕僚單位把審查意見寄來。除了焦慮，還得馬不停蹄地進行所有日常業務，時間就這樣毫不留情地到了星期五——在手邊事情不能間斷的情況之下，一邊得催促各管區承辦人交出資料，一邊得繼續在公文時效不斷縮短的情況下，處理其他五花八門的業務。

就在即將彙整完案件時，竟然又接到晴天霹靂的消息：這次還有五個「臨時提案」！雖然人家都說初生之犢不畏虎，但我才上班第 11 天，一下子爆炸的資訊量，讓我也害怕了起來。

在瀕臨崩潰的時候，同事好心提醒我，臨時提案多半都是民代關切的，所以一定要特別仔細看過。一想到我要彙整所有資料、把初研意見、簡報、審查摘要表全部印下來，真的感到無限想哭⋯⋯但還沒哭出眼淚，就在剛剛五點又接到民代索取資料。天啊，下午五點才收到文，今天就要回覆，我都不知道到底是民代的問題重要，還是即將舉行的大會重要了？

啊，心情超差，晚餐都沒空吃，十點才下班！！！！完全沒空審查自己手邊的案件啊啊啊！！！！

菜鳥日記
到底能不能掛號？

05

今天依然非常忙碌，民代依然瘋狂地來質詢案件，逼得所有人不得不放下手邊所有工作「優先處理」他的案子。

和民代有關的卷宗是綠色的，上面寫著「隨到隨閱」，收到的時候會很焦慮惶恐，但辦完給長官的時候，還是有種爽快的感覺。

前幾天大會的紀錄遲遲不來，申請人明明就可以出席，當天卻不親赴現場，光是一個早上就接了六、七個詢問會議結論的電話，就算一通電話只講了五分鐘，掐指一算這也都是我珍貴的工作時間啊。

午後民眾來掛號審查，光是前置作業就花了一個多小時想釐清全案，但明明就有還沒釐清的地方，股長竟然率先下令：「你給他收件！」我無法違抗地照辦了，五分鐘後，隔壁的同事再次確認時，股長居然動搖了，又去問了大長官之後，股長竟然做了令我不敢置信的指示：「你現在發函給他們說要退件吧。」

才掛號半個小時就要退件，這到底是在愚弄我，還是民眾？

菜鳥日記
忙不完的瑣事

06

這幾天每天都在和工作奮戰，跟前輩討教以後，發現大家的感覺都差不多，來到這裡就是得過著乖乖數饅頭、學習如何小心保護自己的日子。

股長每天都會讓我的公文量保持在相當的水平以上，一天大概會收到七、八件公文。雖然有些公文只要存檔就能結案，但存檔也是要陳判的，不僅無聊，而且耗時、費力。我的清單裡隨時都會有二十個以上的公文。

除此之外，雜事公文也全部都在我身上，反正像我們這種菜鳥，不管收到什麼東西都是學習的一種吧，舉凡像是：其他單位來參訪需要製作案例、索取授課的課程及簡報、

通案處理原則簡報、提大會準備資料、技術會報、彙整模擬問答、重新修訂定型稿、各種相關和不相關的開會通知和宣導文件、瑣碎的調查：例如這一年來有沒有借場地給其他局處拍影片、無聊的彙整，像是：市長下一季有沒有需要配合來參加剪綵露個面、宣傳一下政績……。

這種雜事公文大概會花掉每天一半的時間，一整天下來，好像一半時間都在做無關緊要卻繁複乏味的雜事，等到真正有時間要審查案件，就差不多已經到下班時間了……。

這就是菜鳥本人工作未滿三個月的新手筆記，希望有朝一日能夠脫離這個浪費時間辦理瑣事的狀態。

寶寶日常
永遠填不完的表……

身為一名衙門小卒的最底層，每天填幾個調查表只是生活中的一小部分，然而「每天」、「幾個」累積起來，往往會變得讓人難以忍受……

像是每天填的進度表、三天一次的列管表、一週一次的追蹤表、綜理表、檢查表、報表、檢核表、統計表、彙整表……不得不說每天的時間都被這些「小小」、「短暫」的填表給分割得零散不已，這種悶真不知道該對誰說才好。

公務車

寶寶日常
所謂的公務車

「不行啦！那天我要開會耶，會議資料有三箱滿滿的要帶去！！！」你一邊說得激昂，一邊搶在所有人前面，企圖搶走那個時段的用車權。

「可是我那天要出去會勘，地點還很偏僻⋯⋯」另一個同事一邊望著你，一邊幽幽的說。

就當你倆僵持不下之際，「我那天要去上課耶。」小主管若無其事地走來，搶先一步把僅有的車登記走。

在衙門裡的公務車，是如同珍寶一樣珍貴的。
獻給公務車數量遠不敷使用的你們。

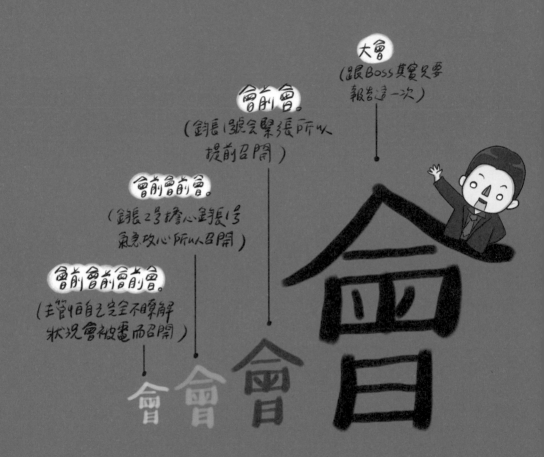

寶寶日常

會的會前會前會前會

下禮拜就要和大老闆開會了，為了這件事，長官們似乎都既慎重又緊張。

「跟大老闆開會前，我們先來開個會前會。」鈞長 1 號嚴謹而嚴肅地提出了這個要求。

「跟鈞長 1 號開會前，我們還是先開一個簡單的會前會好了。」鈞長 2 號略顯無奈地，也提了這個建議。

「……在跟鈞長們報告之前，我們等一下先討論一下吧。」你的小主管則是慌慌張張向你提出了指令。

於是，身為一個小承辦，你花了四倍的時間討論了這件事。然而這只是一件事而已呀，你手上還有千千萬萬件事情呢。

簡報圖要大張、字不要太多、法條全都要寫上去、照片全都要自己拍、字要清楚點、圖要多放一點、不要太枯燥、要有內容、檔案不要太大、我想到什麼再隨時加上……今天下班前給我。

寶寶日常
有一種簡報，叫做：鈞長的簡報

你正忙碌著。鈞長從他那個小房間走出來的時候，你甚至沒空抬頭看他一眼，繼續回覆著電話，心想鈞長特別走出來，應該是要找主管的吧。

沒想到他就在你的座位旁停了下來，忽然跟你說：
「上次你幫我做的那個簡報內容很好，我明天還要再用一次，只是有一些東西你還是幫我調整一下好嗎？」

「簡單就好，反正你就記得：簡報圖要大張、字不要太多、法條要全部寫上去、照片全都要自己拍、字要清楚點、圖片多放一點、不要太枯燥、要有內容、檔案不要太大……我想到什麼再跟你說。把握這幾個大原則就好。」

「還有，今天下班前給我。」

你深呼吸了一口氣，在你還沒消化完那些命令前，鈞長早已消失在走廊的盡頭。你才發現，世界上最難做的簡報，是鈞長的簡報了。

寶寶日常
年輕人應該多磨練

「你才剛畢業,可塑性很高,多學一點!」

你看著鈞長在新人自我介紹的時候,親切地勉勵他,要他好好努力。然後你想起自己報到後沒幾天⋯⋯

「來來,你研究所才剛畢業嘛對不對,剛寫完論文一定還很會看文獻,這幾本報告書拿去看看,寫十個關於這個主題的比較給我。」小主管不知道哪來的靈感,把鈞長要他自己融會貫通後報告給他的命令,轉傳給了你。

「聽說你外文能力不錯,以前在國外唸過書嘛,那以後我們的對外導覽、英文新聞稿、英文的陳情信和日文的簡介文宣,都交給你處理好了,不錯啊,年輕人很有前途!」

「上禮拜跟你研究所老闆剛好遇到,他說你的興趣很多,還喜歡畫圖,太好了,那以後我們的海報都可以讓你發揮了!」

雖然說年輕人就是多磨練才會進步快,誰年少時沒被拗過,但是⋯⋯一直到多年以後,在你終於漸漸獨立和茁壯、能夠獨當一面之後,再看到鈞長用當年的口吻教導新人,你還是忍不住多想了一會⋯⋯。

明天的記者會資料要
多準備一些，邀請了很多記者

好。

餐點帶一下記得
再帶回來給同仁分掉

...

超多人份點心＋飲料

政策公告
單眼
筆電
50份新聞稿

寶寶日常
衙門記者會

明天就要開記者會了，小主管拚命交代要準備的各種事項，你也被逼著準備了一大堆難以想像的資料量。

「明天會有很多記者來。」小主管說。

記者會的時間一到，你看著空空如也的座席，手上還抱著一大疊不知為誰準備的新聞稿和各式資料、工具，轉身看了身後那堆沒人享用的餐點，這下子全都要再扛回去了。

獻給常常不知道自己為誰而戰、為何而戰的你們。

專屬攝影

各種編輯

翻譯神器

thank you
ありがとう
merci

臨時保姆

寶寶日常
免費的最好用

「對對對，那個新來的，你來一下！」
你看著長官用一種要把你穿透的眼神，意味深長地打量著你。雖然有點可怕，
但你還是乖乖走了過去。

以下是寶寶遇過的各種情境：

❶「聽說你英／日／外文不錯，我們有一份對外文件和演講，是不是能請你『支援一下』？」（這種支援一下超可怕的，通常這「一下」就代表著：以後收到任何外文的陳情、採訪、活動甚至新聞稿，反正只要看到上面不是寫中文，都會跑到你頭上……務必謹慎回答！）

❷「聽說你的攝影技巧和器材都不錯，假日都很喜歡出去拍照，這次的活動能不能麻煩你支援攝影？」（同上，我假日去外拍是因為興趣、器材好是因為我爽，一旦答應之後，「每一次」都要變成單位的專屬攝影師，真的要再三考慮怎麼回答！）

❸「聽說你還有一個專長是剪接影片啊，我都不知道你這麼多才多藝！是說這次辦的活動很成功，你能不能把影片順便剪一下，我們放到官網上給民眾看看？」（不、行、啊啊啊啊啊啊……以下回應太激動，已消音處理……）

❹「不好意思，快下班了想說孩子們下課沒地方去，你可以幫我跟他們玩一下嗎？」（孩子們乖巧是還好，但要是遇到調皮搗蛋又吵鬧的……可以讓我專心安靜加班嗎？）

寶寶日常
都給我簽就好啦

你的一天，要簽多少個公文呢？三個、五個，還是超過十個？
面對每天接不完的電話、民眾善意的各種問候關心及沒完沒了的提問、長官和
民代們無止盡的要求和質疑、還有好多好多，已經不願意放在嘴上的工作量。

本以為今天大概就又在兵荒馬亂中度過，看著時間，你正準備喘口氣迎接下班
後的歡樂聚餐，沒想到……

小主管在下班前給了你幾個交辦清單，輕聲在你耳邊說：「這個文，今天要簽
出來唷。」接著踏著輕鬆愉快的步伐，邁出這間酸臭悶熱的辦公室。（是的，
辦公室空調已關閉，然而你還要繼續加班，多麼殘酷。）

「對不起，我臨時要加班，今天晚上就不過去吃飯了。」你抽空撥電話給久違
了的朋友，希望大家原諒你今晚的缺席。

「你不是公務員嗎？反正又不會怎麼樣，國家也不會把你裁員，不要加班了
啦，快來跟我們吃飯吧。」

你還是和朋友說笑了一番，假裝自己毫不在意剛剛他奚落你的那些玩笑，笑著
掛上了電話。看著下班前主管才抱過來的那些公文，你忽然覺得這個夜晚，又
更長了一些……

寶寶日常
開不完的會？

你總是在接到電話的時候，和民眾說：「不好意思，我等一下要開會。」「不好意思，同事現在正在會議中。」「不好意思，長官外出開會了。」⋯⋯但民眾總是不能理解，為什麼不是昨天才開過科會、今天上午才跟縣市長面報完，到底為什麼還一直在開會，會真的有這麼多嗎？

你實在很想跟他說，是啊，會真的很多，如果可以，你也不想要每天花快一半的時間，開這種不曉得結論在哪裡的會議，你也想要好好簽辦你跟他們一樣心急的公文啊⋯⋯

寶寶日常

遙遠的室內 28°C

每當夏日將至，內心都有一種想在寒帶國家工作的幻想……
你們也有嗎？

以下摘錄自各位苦難的小夥伴：
「冷氣是給民眾吹的，公務員是要節能減碳的。」
「四點就關，中午休息也關，室內溫度非 30 度以上不開。」
「……（冷氣）三點半變送風，四點就關了。」
「常被民眾嫌熱啊，只好用笑容替他們消暑氣。」

寶寶日常
定型稿

這是一種簡單方便但扼殺公文寫作能力，及造成公務員減少獨立思考的破壞性公文製造法。

新手上任的前一個禮拜，你的小主管告訴你，很多事情都有「定型稿」可以參考。

等等，定型稿究竟是什麼？？！！

你在尚未熟悉的公文系統中，看到在公文內，排列了好多「○○○○○○」，定睛一看，原來這些○○○都是要被個案資料取代的文字啊，你心想真是方便，有了定型稿好像能解決所有問題一樣。

後來你發現，這個看起來方便迅速的定型稿，其實也是一個扼殺智商的雙面刃，太過依賴它的同時，你的敘事能力也漸漸被定型成無法把一件事情好好說清楚的狀態。

看著隔壁那個無論什麼事都要在他工作 20 年累積的定型稿中找出輪廓的同事（找不到的時候就跟主管哀號這個公文他無法處理），你警惕自己千萬不能喪失獨立思考的能力。

寶寶日常
夾心的悲哀

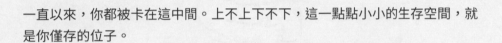

一直以來，你都被卡在這中間。上不上下不下，這一點點小小的生存空間，就是你僅存的位子。

「快去跟 ＿＿＿＿＿＿ 要資料！」上面的一聲號令下來，你只得硬著頭皮，往下發落。

「那個……可以明天給我嗎？」你還是打起精神，夾在這小小的縫隙中傳話。

然而只有你知道，你其實想做點什麼也沒辦法啊，因為你除了要資料之外，並沒有被授權任何權力的。

獻給每一位夾在中間的小夥伴們。

寶寶日常
好棒棒獎

你忽然被告知了一項新任務，下個月之前要準備好某案子的基本資料、做出簡報、編出一本像是作品集的東西。

「要做什麼用的？」你不解地問了主管。
「要參加一個 ＿＿＿＿ 比賽啊。」主管連頭都沒抬起。

你看了一下比賽規則，政府和民間分開報名和競賽，要繳交的資料多得要命，重點是，報名費還不是普通的貴。

你多花了一個禮拜時間加班，走過辦公室那面滿滿都是獎盃櫃子的時候，你忽然閃過一個很糟糕的念頭，原來我們的預算，有一部分都砸在這了。

啊不就好棒棒。

寶寶日常
第一封感謝信

剛掛掉一通讓你差點在辦公室咆哮的電話，看著待辦事項還有二十八條，正覺得今日負能量爆表之際，忽然你收到一個文，簡直不敢相信自己的眼睛。

一直以來覺得「怎麼可能有人會寫嘛」的滿意度調查表，竟然真的有人寫了，上面還寫了對你滿滿的大感謝，你眨了眨眼，確定這不是哪個愛慕你的同事新發明的惡作劇之後，忽然之間，今天又美好了起來，你開始覺得，自己的努力也還算是不錯的嘛。

寶寶日常
神祕的聯誼活動

你打開辦公室信箱,發現親愛的政府又為了你下半生的幸福,寄來一封聯誼活動信件,鼓勵未婚同仁參加。

好奇心驅使之下,你點了開來,今年的活動非常豐富,有兩天一夜的愛之旅,也有一天就能解決的行程。仔細看看,各時段都有穿插活動,看起來好像是個很用心舉辦的活動?!

祝福衙門內所有孤單的靈魂,都能在這神祕的聯誼活動中找到另一半。

開會的小確幸

寶寶日常

一點小確幸

下午，你忽然在兵荒馬亂中收到一張民代辦公室的傳真，說明天一早要開一個協調會。

「這都什麼時間了才說！」你在心中暗自咒罵了一下，想著明天要去罰站的場景。忽然，你看到了開會通知單上最末那一行字⋯⋯

「請派主管以上層級出席」。忽然間，你緊握的手心鬆了開來，期待起明天鈞長獨自面對兇殘逼問的那個場面。

寶寶日常
所謂的公文效期

為了幫助提升大家的辦事效率，衙門在各方面都做了十足的管制，公文效期即是一例。

於是夥伴們每天都被所謂的即期公文追趕著跑，數不清的人民陳情案、專案和限期公文，每天都期待著能夠被改分、改專案，快到期的時候偶爾還能有好心的發文大姊幫忙用一些特殊方法讓這個文能免於逾期的命運。

雖然公文效期的初衷是為了提高公務員的效率、縮短服務時限，讓民眾不需要空等太久，但有時候還是覺得這些不近人情的公文到期日，真的讓人感到有些無力⋯⋯

菜鳥指數 ━━━━━━━━━
加班時數 ━━━━━━━━━
疲勞指數 ━━━━━━━━━

（菜鳥工作日誌一）

Rookie Baobao

寶寶日常
機械式的日復一日

不知不覺，你好像終於習慣這裡的生活了。忙碌、充實、低成就感、超長工時，你每天都很累，但偶爾喘息的時候，會想想自己工作的價值何在？日復一日，年復一年。

你發現自己就如機器人般，機械式地處理不斷冒出來的瑣碎工作：像是永遠接不完的電話、永遠填不完的週報表、月報表、季報表⋯⋯、寫不完的公文、回覆再回覆的陳情案、檢討再檢討、預算編了又編、委辦案委了再委⋯⋯。

常被別人說，公務員好像沒有熱忱，但你其實知道深埋在機械裡面的那顆心，還是很想要做一點什麼的，所以，別放棄啊。

獻給每一位在日常中消磨、在繁雜事務中迷惘而仍不想放棄的你們。

\# 我認識你們市長

\# 民代的超能力

\# 忙到懷疑人生

官場現形記

在衙門待了一段時日,雖然你力圖保持公平,才發現這個世界根本沒有公平這件事,原來每一件事,都有不能言傳的優先順序。你不禁感嘆,當公務員好難,人生好難,求生好難。

CHAPTER **2**

菜鳥日記
在窗口跳窗

一早進辦公室，就看到桌上堆了好幾個剛批下來的公文。因為討厭身上案子掛太多，就趕著印下來、把它們全都存檔，結案。

此時的股長一大早就在養尊處優地看 Yahoo 信箱及 YouTube，一看到我進辦公室，竟然就追問：「寶寶，你昨天有幫我查那個開會地點要怎麼去嗎？」

怎麼會有人明明自己要去開會，卻連地點要怎麼去都要我查？我氣得上 Google map 查了一個看起來最方便、但是要等公車、坐車時間最久、還要走路的路線給他。還擔心他會不會臨時叫我一起去。忿怒的心情延續了一整個下午，因為實在太忙太忙太忙太忙太忙了，簡直是一看到他就有氣。

這幾天的公文平均每天都會有十件上下，陳核完的還要影印、歸檔、發文；新進來的又要送去陳核；沒有在公文清單上的要跟長官敲定時間；還有表外的工作；越來越多的案件。

每天的事情都做不完，就又有新的事情報到；好不容易覺得「耶！今天終於可以審案子了！都沒有公文耶！」就會在打開案子的瞬間，一口氣咻咻咻接到三個垃圾公文，我想這一定是某種詛咒，以後千萬不能這麼想。

為什麼我們會一直收到一些參加比賽、演講通知的公文？這一天收到的八件公文都要寫上：「本件係○○單位函轉關於 XXX 演講通知，開會時間、地點 XXX，暫無應辦事

項，上網轉知同仁，文擬陳閱後存查。」

重點是上網轉知同仁竟然不但要真的 email 給大家，還要印下來當做證據！而這些東西竟然還要給股長科長陳判，這是什麼流程！垃圾公文就應該收文進來的時候直接丟掉嘛！！！當這些看似簡單的公文吞噬掉一整個上午（甚至延伸到下午，因為文不會一次進來）的時間，能處理正常公文、審案子的時間就變得非常少，加上可怕的申請人每隔兩天就要假裝很客氣問我：「寶寶您好，不好意思，想要請問您，我們的案子目前的階段大概是在哪裡呢？？」（啊就在我手上、在我手上、在我抽屜裡、在我櫃子裡、在我桌上、在我身上……）

這要我怎麼跟你解釋，我每天都要收十幾個公文還要回市長信箱、民眾陳情還有接市民電話、幫長官排課程，案子堆了十幾個，每天都在擔心它會逾期，我也很煩好不好，你每天被業主追殺，我也每天都被公文追趕啊！

下班前股長叫我負責「聯絡」今年度開課的資料，這件事搞到後來，竟然變成要幫長官們做投影片，我們一共要開九堂課耶，所以我要做九個投影片嗎？那我全部的時間都拿去做投影片，不用收公文了？不用審案子了？不用接電話了？不用跑公文了？不用處理大會了？

我可以當窗口沒關係，但現在是要搞到我跳窗嗎？

菜鳥日記
平行世界的另一種邏輯

平靜的日子就這樣過了幾天，一日下午，赫然想起有個即將到期的公文，菜鳥如我，隨即嚇出一身冷汗，立馬跳離座位，狂奔尋找早該批下來發文的那件該死公文。

半小時後，終於在即將熄燈的長官房間，找到那卷淹沒在眾多公文夾裡面的卷宗，趕緊回到座位準備發文。

「好了！點下發文按鈕，就可以把公文拿到發文大姊的位子了！」我一邊操作指令，一邊想著總算維持了準時結案的好習慣，接著拎著公文前往下一個地點。

發文大姊請我先把公文放在桌上，她一會兒會處理。我照辦後，不疑有他地回到了座位，又是需要加班

08

的一個晚上。到了隔天，我竟然發現發文大姊沒有把我的公文處理完就下班了，我理直氣壯地去和她爭論了一番，質問她為什麼答應我的事情沒有辦好？

大姊也理直氣壯地說：「我後來處理不完，晚點有事就請假回家了。」我簡直不敢相信怎麼能有如此不負責任的人，就更生氣地問她：「那你總該有職代吧？」

爭執了半天，總算有個仗義執言的大姊出來緩頰，一面想辦法替我處理昨天應該發的公文讓它不要過期，另一面安撫被我罵得很委屈的發文大姊。轉過身一看，委屈的發文大姊竟然已經臉上掛滿淚珠，而公文被她弄得就要逾期的我，好像是正在霸凌她的壞人。

最後，事情的結果是：正義的大姊替我把公文在期限內發出，而委屈的發文大姊雖然沒把事情辦妥，但因為她哭了，長官後來給她記了一個嘉獎。

我真的不懂這個世界運轉的邏輯是什麼？

菜鳥日記
爬不出的深淵

09

從五月開始，有三個同事分別要在三個禮拜內陸續離開。

同事 S 是想要離職的第四名同事。他的辭呈被擋下來似乎也是理所當然一點也不意外的事。與主管討論的結果雖然並不出乎意料，卻十足展現了他的黑心程度。

「懷孕跟加班好像沒有直接的關係嘛。」一句慰留的話也沒有，盡是說一些無關痛癢的話。就像同事不曾在他麾下服務一樣。何況這位同事處理的業務繁雜，平日加班已是稀鬆平常的一件事，更不用說假日主動來加班處理業務了。

公部門連辭呈也要陳到首長經他同意，就像每一個無聊透頂瑣碎的公文一般。照理來說上禮拜五提出的辭呈到這禮拜應該要往上跑了才對。

沒想到過了一個星期，辭呈依舊放在股長桌上，總是被壓在一疊公文的最下面，無論我怎麼把它抽到第一個公文都沒有用。

傍晚，和股長展開一場小小戰爭。我想他是有被我們的處境給說動，大家沉重的業務已經讓每個人都喘不過氣來。於是股長鼓起勇氣跟長官開始討論了起來，雖然這似乎是一場永遠無法獲勝的戰爭。

當我潛伏在這裡三個月，發現自己越來越熟悉的時候，才發現自己身處在多麼荒謬的地方。踩著基層頭頂往上爬的主將，昏庸的指揮官，膽小如鼠的士官……然後我才發現

也可以用便籤啦

簽　於偽公務員的菜鳥日記

主旨：為職因生涯規劃辭一案，
　　　簽請核示。

說明：
　一、目前不幹了。
　二、才疏請釣長即刻放人。

✤ 不管你用 都會神奇地消失在公文的頂端。
（有時候還會音訊全失）
（獲得無聲卡 ×1）

✤ 有時候會獲得 請來喬 ×1

這完全是一場跟自己無關的戰爭。

無論底下的螻蟻再怎麼努力，應該要衝鋒陷陣的長官們卻躲在整個隊伍的最後面，等打贏勝仗掛勳章的時候才會出現。然而在這之前，螻蟻怎麼死的當然和他們一點關係也沒有。

我們依舊是一群無法脫困的螻蟻。各自有說不出的苦衷，進得來卻出不去。出口那一道微弱的光，只能偶爾臨幸在某個幸運兒身上。不知道還要多久，我們才能找到自己的出口呢。

菜鳥日記
申請單位的一百種面貌

10

今天來說說申請單位好了。

申請單位,是一個讓人恨得牙癢癢的角色。他們非常喜歡打電話。有一次我請了一天病假,復工當日,一個上午就接了六通申請單位來的電話,都是催促案子快點進行的。我知道,我真的知道,我比你們還急你們相信嗎?

第一種申請單位是「哈啦好友」型的。就是會打電話來說,「嘿寶寶不好意思啦～又是我啦,不好意思ㄋㄟ,又要麻煩你幫我看案子,不知道你……看完了嗎?」這種人打來笑嘻嘻的,好像和你很熟,但其實我不知道他是誰。

第二種是「信不信我告老師」型。每次打電話就要說:「欸寶寶,拜託,我這個案子已經送進來多久了你知道嗎!中間已經換過三個承辦耶!都放一年多了!你們這樣是不是不想認真辦我的案子啊?我認識副市長喔!你告訴我是哪個長官不看我的案子!你說嘛!還是要我叫副市長打電話來問你們?」接到這種電話,就只能拚命賠不是,跟他說對不起之外,還要連自己的尊嚴全都給他踩在地上,才能稍微安撫他失控的情緒。

第三種「冷酷無情」型。特徵就是講話不帶一絲情感,話也不講白,就是冷冷的。
「寶寶,我想問一下我們案子的進度。」
「不好意思我還在看耶。」
「喔。」(掛電話)

第四種「逼不得已又來煩你」型。特徵是不敢問得很明顯，但其實又是要催案件進度，所以每次都說：「寶寶，想請問一下我們還有沒有什麼東西需要補的？」不，沒有要補的，因為我根本就還沒有時間看……。

經常會發生我已經從早上八點半打開報告書審查，卻到了晚上六點半還無法看到報告書內容的狀況。申請單位總是無法想像這豐富的一天究竟能發生多少事情。

然而，這卻是我的日常。

菜鳥日記
民代有多大？

星期四約莫下午時分，發生了一件大事：不曉得從哪裡傳來的消息，隱約只聽到「……跟首長吵架……」、「……民代助理……」、「……對方很生氣……」，在這些關鍵字後，得到了許多民代出的功課：把所有公告資料全調出來，再把裡面的資訊一本本找給他（搞不好還要幫他做個統計與分析）。在一片哀號之中，甚至還接到了指示：「請放下手邊一切作業，專心處理民代索取資料。」

沒想到民代竟然比全體市民還要偉大，消息一出，就算大夥兒再哀號也沒用。老闆甚至還要我們跟民眾講現在無法處理他們的業務！不曉得哪個天兵真的照做了──接著馬上就接到 1999 的報復電話反應：「民眾投訴貴單位都不處理他們的

事情，只為民代服務。」

外頭開始打雷，就像今天的情勢一般，有一種山雨欲來風滿樓的錯覺。長官又再度寄了第二、第三封信，要我們快點處理「答應他」的事情。

隔天整日，也幾乎都在處理民代的案件，我想我們應該要去應徵民代研究室的助理才對。股長還不忘提醒我：今天是不是可以做 A 案、B 案，以及把 C 案弄出來。

「不是說要先用民代的資料？」我忍不住回問，真搞不懂他到底希望我們怎麼做。

沒想到民代都來壓榨我們這些位階低下的小承辦，難道你們不知道我們也是善良小老百姓嗎？

菜鳥日記
我的立場是⋯⋯？

12

菜鳥寶寶在公部門快要破百日啦！短短回顧這九十五個工作天，我多進入狀況了一些、稍微能夠說服申請人一些，稍微能夠推展一些自己能承辦的業務。也對法令多了解了一些，對實務了解了一些，對社會現實面看清了一些。

我始終擔心我是不是開始變成眾人口中所謂的「官僚」，不知道哪天面對這些「社會案件」時，我會有與你們截然不同的立場，為自己的所作所為辯護，甚至開始不了解「民間」疾苦？

半年，我給自己半年的時間在這裡「學習」。這樣資淺的我，竟然有機會要協助編修法令嗎？法令耶！你能想像施行在全市的法令，竟然是我們這些每天被申請人催促質疑的基層資淺小承辦來訂定的嗎？我不能想像。一直以來，我都以為法令是要由長官跟法律顧問們一起修訂的。

九十五天，在這裡的生活還沒結束，希望我能夠再多學一點、再多爭取一點，在這個殘缺的體制之下，多做一點我看得到的改變。

菜鳥日記
掰掰孩子

數饅頭的日子很快就來到了一百二十二天，每天都還是很忙碌，不過這其中有一點不一樣，就是我殷殷期盼的暑期實習生們來臨了，我好開心！

七月初的某天，人事室主任帶來了一群孩子們，或許是因為剛離開學校不久，看到這些期待已久的學生們，實在令我興奮不已，也總讓我想起學生時期的實習時光。

只記得孩子們第一天是乖巧的、文靜的、害羞的、不多話的。座位後面的冷氣一直沒有風，我實在很擔心，不過也沒有多餘的電風扇可以拿給他們了。

我開始覺得應該要在這短暫的一個月教他們些什麼，至少讓他們不要

13

覺得自己是多餘的。所以我開始想像，什麼樣的事情是我這個小菜鳥可以與他們分享的。

於是跟他們一起學了很多東西，也分享了些案例給他們。和他們一起吃飯工作開會，偷偷觀察哪些是乖小孩、哪些是皮小孩之類的。

孩子們的學習速度很快，快到出乎我的想像。咻咻咻地就核對完了所有資料，透過他們不斷地問問題，我也很快地了解到自己的不足。幸好這些孩子沒有問太困難的問題，算是對我很體貼吧。藉這個機會，也幫助我了解了一些他們好奇的事情，和一些平常看不到的盲點。

雖然我總是擔心他們會很無聊，不過他們似乎找到了自得其樂的一些

事情做。然後時間又咻咻咻的過，好不容易感覺好像才熟悉了一些，後面吱吱喳喳的身影一個月過去後就要離開一部分人了，好快好快！天啊，又要再次面對一批新的孩子們了，這些教過他們的事情該不會又要重來一遍吧？

這些孩子們跟我們其實真的沒差多少年紀，老是叫他們孩子孩子的，好像他們真的年紀很小，但仔細想想，大二大三時的我其實也從來不曾被當做「孩子」來看待。不過能夠在這樣忙碌的一般的工作生活之中，跟這些青春的學生一起交流，其實真的是件很有趣的事情。希望我們都能在這樣互動的過程中，變得茁壯一些，成長一些，孩子們掰掰。

寶寶日常
＿＿.odf

「打不開啊……打不開。」面對這樣的質疑，你眉頭深鎖。民眾其實對於這個檔案格式是陌生的。然而，卻是頂頭上司力主推廣的格式。

雖然號稱支援度好、相容性高，但每每接到這種民眾的求救電話，你還是覺得無奈了一點。但也只能不厭其煩地說：「下載按鈕旁邊，還有一個 .doc 檔，下載完這個，就能用 word 打開了。」

希望衙門內的各種新制度推行，都能再多想一點、再簡單一點、再方便一點。不急，我們雖然走不快，但希望每一步都走得踏實。（同理也希望公文系統可以再人性化一點。）

寶寶日常
那些年，我們一起浪費的資源

成果報告書 15 本，活動海報 200 張，宣傳手冊 2000 份，酷卡 3000 張，成果光碟 10 份。

招標文件上寫出來的或許只是一個不太重要的數字，等到實際執行的時候才體會到自己究竟浪費了多少資源。

驗收完成後，這些曾經轟轟烈烈執行完畢的案子，留下的那些無法再次使用的廢棄物、沒發完的宣傳品，你才驚覺存檔時根本印三本報告書就足矣，這些多餘的東西究竟是資源，還是搬家時才讓你悔不當初的一堆垃圾呢⋯⋯？

第一次執行的新手或許不懂這些數字的意義是什麼，但或許身為前輩的我們，可以告訴他，有些東西真的夠用就好。希望當年製造的垃圾都能夠被妥善回收再利用。珍惜資源、愛護地球就跟關冷氣省電一樣重要才是。

這個案子就請你處理了

不急啦！你手邊事情處理完再做就好

那我先回完2通電話 跑完今天到期的文 再把民代索取資料辦完 就可以處理了....（預估時間3HR）

反正不急嘛

就這一件小事 竟然要花3小時還沒好!!?

你的 不急 vs. 老闆的不急

寶寶日常

老闆的時間觀念

「你有空嗎？這個案子就交給你了，不急啦，先把手邊的工作處理完再做就好。」

你看了一下手邊的工作，想了一下：既然不急，那就把該回的電話、該跑的文，還有那個民代交辦先處理好，再來專心解決老闆所謂「不急」的案件好了。

後來你才知道，原來老闆的「不急」，和你的概念是完全不一樣的。

事發前

不要什麼事都來問我,我很忙!!!

是...

事發後

這麼重要的事為什麼事前不報告?!

....

寶寶日常
屬於一種心裡苦

其實你也不想要事事都請示，可是一旦發生任何意外，什麼細節都成為你的罪
狀。（不過就算請示完畢，發生事情時你還是要扛就對了啦！）

獻給肩頭千斤重的你們。

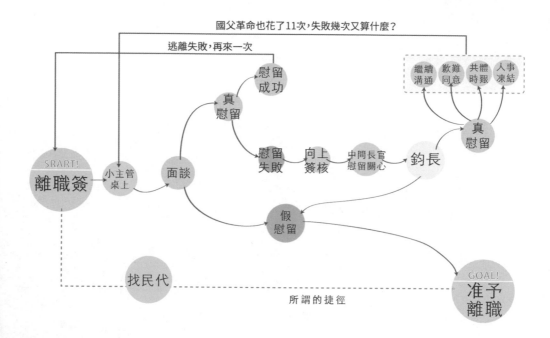

寶寶日常
離職簽的旅行

在遞出離職簽的那一瞬間，你正式在心裡和自己說：一切都要結束了。那些不合理的官僚文化、厭倦至極的衙門生態，終將在離職簽跑完的那一刻結束，很快，你就可以解脫了。

殊不知，離職簽的旅程比想像中困難多了，一下子這個長官找、一下子那個長官問，來來回回，又簽又退，扣掉被小主管壓在抽屜裡的那三個禮拜，又過了快一個月，只不過是要離職，怎麼會這麼困難呢……？

想當年國父革命也是經過十次失敗才成功，你的簽現在卡在哪一關呢？

寶寶日常
溝通的藝術

一直以來，你都以為如果要和其他單位溝通，最正式的方式，就是發函了。

你也一直都有收到其他單位的公文，舉凡邀請參加各種活動、轉知全單位的消息，或是上級單位的指示、下級單位的請託，還有民間的各種申請案，你建立了十足的把握，認為如果要告知對方一件正式的事情，發函準沒錯。

一直到有一天，你文也擬了，鈞長也批了，就這樣，這個公文送出去了。沒幾天後，一通電話打來：「你們發文之前，怎麼都沒打電話先溝通一下？」對方氣沖沖地打來電話，你從沒想過這樣的可能性，愣在電話前。

溝通了一陣子之後，你才知道，原來溝通的藝術，你還真是一點也不懂。問了鈞長後，鈞長還反問你：「咦？你沒先打電話去跟對方溝通一下嗎？小主管沒有叮嚀你要這樣做？」

你再度愣了一下，正在想，這題的答案應該要怎麼回應才好⋯⋯。

議場

開

宛如農曆七月一日的概念。

寶寶日常
__門開

後來你才發現，
議場開的概念，怎麼宛如是一年一度的農曆七月一樣讓人敬畏。

寶寶日常
人事凍結

一次又一次，你看著無法接受的事情不斷在衙門發生，和其他夥伴一樣，你總算下定決心把離職簽丟出去了。

看著離職簽慢慢地往上跑關，你也開始慢慢做著交接清冊，數著饅頭一邊把份內的工作完成。

只是你怎麼也沒想到，鈞長竟然在此刻宣布了人事凍結的命令，這一刻，你又感到失望了。但或許再沒什麼能讓你感到意外了也說不定。

寶寶日常
商調

一種屬於你的權利，但不知為何總要偷偷摸摸做的事情……

有許多夥伴，常常被困在單位裡出不去，有的明明是約聘，卻拖了三年不讓他離職；有的是正式人員，低調地去面試完之後，對方商調函來了一次又一次，鈞長也一次又一次的慰留、慰留、再不放人？！

曾經看過最不可思議的是，明明就已經講好了什麼時候可以過去報到，卻在報到前幾天接到對方單位告知：「你們鈞長反悔了。」根本就是一種天知、地知，你反而是最後一個知道的狀態？！

在衙門裡面，說好的自由、競爭、公平、開放，就好像每次的競選口號一樣，只是說說而已，而過了三年、六年的「綁定時間」，也好像只是擺在眼前的那塊肉，看得到吃不到而已。

寶寶日常
神祕的外賓

今天要召開一場聚集許多委員的大會。因為案子引起社會的關注,來了很多人旁聽,除了民眾、相關團體外,也來了幾個民代。

大家虎視眈眈看著主席台,還沒等到所有人的發言和陳情結束,主席忽然向大會報告:外賓忽然來訪,身為單位的大家長,這時候說什麼也不能讓外賓一個人。

於是主席就像風一樣,在陳情人還沒回過神之前,消失在主席台上。
留下忽然接棒的副主席等著下決議。

寶寶日常
職代的隱形墨水

有些時候，你會因為隔壁那個萬年約僱人員擺爛氣得咬牙切齒，看他好像背後有座高山就有恃無恐的臉，恨不得把那座山鏟平，但有些時候……

你明明是個約僱人員，也只是個約僱人員罷了。只是在這單位待久了，你看著正式人員的人來人往，進來的恨不得馬上再調出去，走不了的又一副事不關己的樣子，你就這樣一邊看著，一邊做著，不知不覺，也成了這個單位最資深的承辦了。

後來來了一個新主管。從別的單位調過來，終於好像帶點希望過來了，你覺得好像可以再次期待一下這個新主管的時候……

他說：「因為我剛來，你可不可以幫我先看一次公文，有什麼意見先幫我用鉛筆寫上，我再來看。」

你聽完覺得眼前一黑，好像血壓瞬間又暴衝了 100 左右。身為一個約僱，你擬著會影響數十年後的法令，審著今年度的預算，已經覺得這些應該要延續的政策要讓正式人員處理比較妥當的此刻，你的主管，那個明明就考上、當過承辦、現在升職又調過來的新主管，竟然要你幫他批示公文了。

你看著萬年不變的薪資單，一邊試著幫新主管看其他同事的公文，覺得這世界上還能有更不公平的事情嗎？

寶寶日常
你看不到我

你的單位最近必須處理一個頗具爭議、民怨沸騰的案子，面對一邊是激昂的民眾，一邊是頂頭 boss 和政策，即便再不願意，大家全都咬著牙硬幹了下去。

這段期間，許多團體都曾來單位表達不滿，有時候是在樓下抗議、開記者會，有時候則會帶著一些人進來，有的手持 DV 記錄下大家的辦公狀況；有的面露兇光，彷彿你對不起他全家；有的則是又絕望又傷心，哭著喊著，哀求著爬著。

你看著這樣的辦公環境，以及每一個背後充滿故事的苦主們，一面想要確定自己到底做得是不是正確的事情，一面希望坐在裡面的鈞長能對這樣的狀況做點什麼，至少出來接個陳情書，以暫時平復早已沸騰的民怨。

終於有次連小主管都抵擋不了，跑到鈞長辦公室尋求協助，只見鈞長默默的抬起頭，用毫無笑容的表情告訴他：「跟他們說我不在。」然後便把辦公室的燈熄了。

幾個小時過去，當抗議民眾終於離開後，你拿著今天不得不結掉的文，朝鈞長辦公室走去，然後敲門。

「請進。」

一顆章的重量

寶寶日常

一顆章的重量

一顆章有多重？

當案件急起來的時候，著急的鈞長、壓力山大的主管、無助的民眾、憤怒的民代……大家都在等著你的那顆印章落下，只是，只有你自己才知道，這份即使是受了各種指示和壓力的公文，依舊是你來草擬，你來壓上第一顆章。

你在心裡嘆了八口氣，想著明天是不是就請假好了，就讓別人來擬這個文也好，即使當個爛人也好，至少不是罪人吧……

想著想著，主管桌上的電話又響了，你知道這次又是躲不過了。

寶寶日常
十萬火急的一百種樣態

桌上的電話一直響，你接了起來以後，對方告訴你這案子非常急、十萬火急的狀態，你心領神會後掛了電話，接著……

坐在遠方的小主管忽然移動屁股從座位遠方走到你身後，告訴你剛剛那個案子真的很急、非常急、十萬火急，要你先處理這件事。

你準備放下其他事情，開始專心處理的時候，鈞長從天上下來人間，拍著你的肩膀告訴你，什麼事都別管了，這件事情非常急、超急、一定要馬上現在就處理。

你深深吸了一口稀薄的空氣，下定決心要面對這件萬分著急的案件後沒多久……大家的「好朋友」就來造訪了，然後你知道，一切的十萬火急，還是有一種順序必須在心中暗記的。

寶寶日常
天降大 ___

一陣兵荒馬亂，你忽然接到指示下個月的國際交流，要跟市長同行，你光用想的就覺得世界要毀滅了，殊不知隔壁那個天（ㄨ ˊ）真（ㄓ）的同事，還一直用羨慕的口氣，好像這次出差是天上掉下來的禮物一樣……讓寶寶來告訴你帶長官出國的祕辛吧！

✘ 永遠都睡不飽，因為你要準備事前、事後新聞稿。

✘ 一直在做 final check，但因為隨時都會有變化，所以一切都要確認再確認。

✘ 如果你是同團最小的承辦，絕對要做好當馱獸的心理準備。

⭕ 一定要穿上最舒適的鞋子，因為會走很～久～很～久。

✘ 切記不能讓長官吃不好、睡不飽，什麼東西都一定要先準備好。

⭕ 隨時都要準備幫長官拍美美的照

⭕ 錢包一定要餵飽飽，因為可能要先支付餐費、車費……

❓ 對了，怎麼能忘記回來還要繳的那份出國報告呢？

❗ 回來一定要把那個羨慕你的同事碎屍萬段，因為他還要你幫忙買當地的紀念品……

寶寶日常
委員就是任性？！

開會之前，最麻煩的工作從來就不是準備會議資料、製作簡報，而是要約各個委員時間。即使已經一個月之前就開始調查委員什麼時候方便了，無奈的是他們的時間還是湊不起來啊！

特別是規定外聘委員要超過 1/3，好不容易超過之後，單位內的委員又忽然說有特別重要的會要開，於是你又改來改去，終於在某天湊齊了剛剛好的人數。

在會議終於能召開當天，你預先準備好了會議簡報、書面資料，開始測試儀器，泡好委員的茶水咖啡，擺好錄音筆，準備安心召開會議的時候，電話響了，是委員 E……

「喂，不好意思，我記錯開會時間了，我現在人在山上……」

這下好了，你的委員人數不足 1/2，現在到底應該怎麼辦才好！？

· 至少提早一個月預約行程
· 準備講稿、出席貴賓名單
· 攝影師必備
· 伴手禮、紀念品
· 隨身人員緊跟提醒
· 動線、生佐、餐食預先報備
· 預演!!!(突發狀況OUT!!!)

寶寶日常
所謂的台上一分鐘

煎熬了大半年的案子總算要開幕，你掐指一算，差不多該邀請貴賓來參加開幕儀式啦。想起長官總是千交代萬囑咐一定要邀請到大貴賓，你當然不敢怠慢，行事曆上早就預訂好這禮拜開始簽邀請貴賓的公文。

所謂的台上一分鐘，可不代表你也只需要緊繃一分鐘，而是分分秒秒地為了大貴賓的一切預先準備好：致詞稿、出席者名單、動線、攝影、餐點、座位、出席順序、用的是哪把剪刀哪張椅子、需要和誰點頭致意和誰同桌吃飯……。

雖然這只是大貴賓的一小步，對你來說，可是一點差池都不能有的千千萬萬步。

別說寶寶沒提醒你們，活動前一定會有比你緊張八倍的幕僚來請你預演，到時候可千萬別漏氣，畢竟你的老闆期待這一刻已經好久、好久了啊。

獻給曾經、正在、或是即將邀請大貴賓出席活動的你們。

轟轟烈烈 完成一項專案後

私部門

＝

對加薪和年終
產生期待

公部門

一切如昔
無需期待

寶寶日常
公私部門的平行時空

連續假期，你忙得天昏地暗，看著大家每天吃喝玩樂放假去，你手上還有一個
十萬火急的專案必須處理，於是你犧牲了玩樂、聚餐、補眠、同享天倫樂的那
些時間，為了使命必達，燃燒生命……

加了不曉得幾天的班，你終於完成任務，警報也解除了，這時候你赫然想起：
咦？沒有所謂值得期待的加薪、升遷、業績獎金和年終，你還是只能日復一日，
繼續蓋著第一顆章。至於考績？拜託，就別期待了吧。

Stage ① Stage ② Stage ③

寶寶日常
出社會幾年之後，你的世界不再黑白分明了？

還記得剛出社會的前幾個月，你對這個世界的黑白還是能侃侃而談，不容有一絲混濁的空間，對你而言，黑白之間是不存在其他介質的。你認為自己行得正、坐得端，對於這個黑白分明的世界，你自然也能大張旗鼓的批判和糾正，你不怕得罪誰，只想對得起心裡那道分隔線。

幾個月之後，你慢慢懷疑黑和白之間是不是有一些什麼，是你以前遺漏、甚至不承認的存在，慢慢地，即使黑白交融得刺眼、讓你感到不快，或許是社會歷練使然，又或是保護自己的心態驅使，那道分隔黑和白的界線，似乎慢慢變得模糊了。

忘了是多久以後的事了。而今你似乎不再那麼堅持這世界只有黑、白，或是對、錯這兩種分法了。在黑白之間，似乎連有沒有分隔線也不是那麼重要了，曾幾何時，能夠對是非那樣果絕地批判，竟然也變成一件輕鬆的事情。你忘了從何時開始，學會不再輕易以二分法評斷事情。

雖然這是一條漫長而孤獨的過程，但希望你們都別忘了時常回頭看看，當初那個單純而勇敢的、甚至天真的自己。

最難的離職
乙方求生指南
為自己戰鬥

衙門求生指南

短短地在封閉的衙門走跳幾年，曾以為這短暫的生活沒在身上累積什麼。很久之後才發現，好像有一些什麼留了下來，終於你也能侃侃而談起這一切，終於，你也能在這灘深水裡傳授求生的辦法。

CHAPTER 3

菜鳥日記
角

很多人跟我說，剛出社會總是會有稜有角的，要謙卑，要忍耐，要高EQ，要把自己磨得圓滑，才能在社會上生存。

只是我很想知道，會不會有一個地方，不需要把自己磨到失去自己本來的樣子，還是能被賞識、被倚重，我想應該是要等待幸運女神降臨的時候吧。

其實有時候我是故意的，我知道我很不應該，特別是在某些心思細膩的長官經過的時候，大肆批判這個體制的不健全，制度的不公平，甚至是處理方式的不適當。但我其實是想刺激他們，這些問題不是我沒有發現，也不是我不敢說出來，而是希望長官們做點事情。

14

其實某些時候我也知道,並不應該大聲嚷嚷、抗議那些隨時都在發生的不公平事件,也不應該對於無能長官的再三詢問,露出「這已經是跟你講第六次」的眼神,但我就是忍不住想要讓他知道,這已經是第六次跟他正式提醒這件事情了。之前不但口頭提過兩次、他也在公文上蓋章,甚至 email 兩封信給他,最後還幫他登錄了行事曆──這樣他還是會忘記,以致於寄信問我第七次的時候,我,真的是故意讓他發現,我覺得他都沒在聽。

「社會化」是一件很奇妙的事情,原來以前學校教我們要「培養獨立人格」、「尊重每個不一樣的人」、「每個人都是獨特的個體」,只是空泛的口號,因為其實這個單位並不需要一個這麼獨特的你,來質疑、批判甚至企圖改造現有的體制跟制度──他們只會覺得你很危險、不受控制,就算你的能力再卓越、思維再先進、辦事效率再高,也比不上一個雖然笨卻很聽話的人。

如果社會化就是要把我身上每一個角都磨得圓滑,那我還會是我嗎?

如果這個世界是按照能力來分每個人的等級的話該有多好,那麼我們就能夠恣意的去尊敬值得尊敬的人,正當的鄙夷腦袋有洞的人了。

我清楚知道自己的個性有多不完美,驕傲而且不受控制,危險。可是這是我自己選擇的,我猜我還要好一陣子才能讓這個角變得不那麼尖銳,但如果真的要讓它變平滑,我知道,那也會是我的選擇。

菜鳥日記
嘿，菜鳥

15

終於調到了隔壁部門，有很多採購案、委辦案的業務。真正換單位之後，面臨的可就不是「單純」的修正法律、彙整資料、審查案子如此而已，反而像推開了一道通往腐敗的大門，令人更加沮喪。

有時候，我對現在做的事情感到質疑，不相信現在正在做的事情是對的。我感到危險，但甚至不知道這是不是就是現實社會的常態？那我應該要軟化嗎？屈服嗎？還是應該要離開？

上星期同事才從廉政公署回來，沒想到這星期政風室竟然打電話約我與他「談談」。真想知道他會調查出什麼有趣的內幕，只是還是很沮喪，這真的是我想要做的事情嗎？

我真的想離開了，但是又對於這「第一份工作」有著更多的期待：是不是應該要有更完整的經歷、接觸更多面向的工作……。如果社會化的歷程就是要讓自己對於眼前這些不公視而不見，那為什麼學校要不斷教著：要守法、守規矩……。如果有一天你發現法律其實不能相信、政府其實不能相信的時候，你會怎麼做呢？

我知道這世界不是非黑即白那樣絕對，但這混濁的灰色地帶已經快讓我感到窒息。我需要有人告訴我，是我應該要改變，還是這個世界才需要改變；是我應該要接受自己就生活在這樣混濁的空氣，還是能夠相信依然有清澈的空氣能夠讓人大口呼吸？

菜鳥日記
和自己對話

16

給親愛的寶寶：

或許已經不適合稱呼你為菜鳥了，因為現在你已經比接近一半的同事資深了。一年了，真是可喜可賀！除了終於拿到那些福利之外，還要對你說聲「恭喜」，因為你總算是達到自己來這裡的目標了。

一年以來，你學了好多東西。你開始適應這個真實的社會，開始對很多事情有更多不同的見解和想法，看事情的角度比以前更廣——雖然這是犧牲了一些什麼換來的。你不知道你究竟失去了什麼，但始終有一種心理卡卡的感覺。你心裡面那把曾經不容許一點誤差的尺，開始慢慢失去準度了，所以你開始學習如何像「大人」那樣，用 free hand 來畫方和圓。只是還是好難，

因為你始終覺得這樣還是有點「怪怪的」。

你想做的事情很多，雖然有很多事情使不上力，洩氣的事情好像也在你心頭上開了個大洞，讓你的好心情都跑光光，但其實你也做了好多事情，你不要忘記。慢慢地開始建立起自己的節奏，調整自己的每一次呼吸，後來你發現很多事情變得不是那麼困難。從菜鳥開始，慢慢的你發現漸漸地你開始可以教新同事一些事情，曾經你也求助過的那些問題，現在你可以侃侃而談的帶領新同事成長茁壯。

你曾經懷疑為什麼踏入社會就要把自己所有的尖角磨平，也無法接受踏上這些似是而非的混濁地帶，但你現在學會裝上最適合自己的盔

甲，把自己感到驕傲的尖角保護起來，戴上隔絕汙染的面罩，你知道這樣可以讓你不需要和骯髒的物質接觸。現在，雖然你還是對這些事情生氣，但你知道你不會變得跟那些人一樣。

曾經你也希望有一個人，可以成為你的伯樂，可是現在你知道，其實這裡沒有伯樂。你開始覺得當不成千里馬，當小白兔或是鴿子也不錯，搞不好還會被魔術師賞識，表演幾場魔術。

你知道自己還不夠好，還有很多可以學習、磨練和成長的地方，但你始終是如此執拗，想要透過自己的眼睛鼻子嘴巴手腳來嘗試，而不是讓別人告訴你應該要怎麼修正。即使你決定成長的那條路，會因為不斷嘗試而經歷許多冒險，因為不知道方向，所以你始終在找路，但你還是決定要靠自己慢慢撞牆、轉圈，

找到自己該走的路。這是你的選擇，你也知道這樣的代價，但沒人能替你決定任何事情。

你還是一樣對人好惡分明，但慢慢的你也知道哪些人你惹不起。因為要付出的代價太高，某些時候你開始懂得暫時拋下尊嚴，先解決問題。常常你會覺得不想說心裡話，回到家之後也不想再提起這一切，所以你中斷了持續半年的菜鳥日記。常常你都在抱怨，但其實你只是需要有一群夥伴，不需要解釋太多，就能因為共同的默契用眼神傳遞言語。甚至有時候，你只是需要一個人，完全相信你說的那些不合理，跟你說句「我都懂」，就勝過千言萬語。

你雖然不喜歡這裡，但這裡還是有些人讓你覺得來到這裡好像也沒那麼壞嘛。你付出所有心力跟這些人交往，要在這短暫的工作期間帶來

一點不一樣。一直到現在──終於一年了，你總算在經歷了這些所有一切後，達到對自己的承諾。還記得當年你研究所的老闆對你說「不要成為官僚喔」，一轉眼一年就過了。現在你確定，你不會成為官僚。絕對不會。未來要怎麼走或許還很不確定，不過沒關係。你知道自己並不孤單，也具備隨時再去探險的勇氣。只是時間問題，你知道。所以在下一段旅程啟程之前，再儲藏一點能量吧。

菜鳥日記
龍舟大賽

17

「你要不要參加啦？應該會是人生中唯一一次划龍舟耶！」

我慫恿了隔壁那位總是酷酷的同事，和她一起，我們總算組合成了最年輕的女子龍舟隊。

那是一次超有趣的經驗。

在正式的龍舟比賽之前，我們只練習過一次──早上十點集合，一群弱女子們害怕地總算上了輕薄的小龍舟，光是拿起船槳就快要失去了平衡感，更不用說讓大家學會整齊劃一地抬手、划槳。但數十分鐘後，搭配上口號，「一、二、殺！一、二、殺！」好像還真有那麼一回事，小龍舟終究不再原地打轉，開始緩緩往前進了。

這竟是我們唯一的一次練習。雖然全隊的組成都是不到 30 歲的女孩，和其他機關女子龍舟隊相比，算是最年輕的一組參賽者，但我們的確忘了估算最重要的一項決勝因素：練習。

一群每天關在辦公室接電話、審案件的弱女子，就在業務量節節高升的某個夏天，為了高額獎金參賽了。我們甚至還算好了獎金發下之後，每個人能分到多少錢。如果第一名的話，應該是十萬⋯⋯。

在端午節之前，這群女子真的只練習了一次。第二次的練習，就荒謬而異想天開地在辦公室的空地排了相對數量的椅子，邀請了所有參賽者以傘代槳，煞有其事地練習了起來。

許久未見、身體微恙的首長，還特地跑來替我們加油。「拿下獎牌的話，我就加碼五萬。」

比賽當天，光是排隊穿救生衣就開始緊張了。我們剛好夾在強壯的 A、B 兩局之間。

「小妹妹們，加油嘿。」隔壁隊的姊姊們，用一種戲謔的口氣，看著我們細細的手臂。然後不斷打量這群沒什麼用的年輕女子們。更不用說隔壁那個看起來每天都在操練的精壯隊伍了。

但沒關係，我們的目標很簡單，本來就志在參加罷了，更何況我們也只是想要拿到獎金，不需要第一名也可以。

比賽就在鳴槍之後開始了。大概只過了 20 秒，戰況就被拉開了。

我們從半個船身的距離，變成和所有船隊交錯，沒多久，河面上就只剩下我們孤單的一尾小龍舟。「快點划啊，大家都在看我們……。」雖然心裡這樣想，但手真的瘦到不是自己的了。

回程的最後一小段，我們用著最後的力氣，喊出了極其丟臉（但也是人生最後一次）的口號，還做了一種青春少女偶像團體的手勢。總算狼狽而疲憊到達了終點。

「下次再也不參加了，超丟臉的！完全被甩在最後面！」雖然這樣說，但每個人的臉上都掛著幸福而勞累的表情。

不過還是笑著參加完了比賽，即使又累又丟臉，這依舊是人生中難忘而唯一的經驗了。

雖然我很想說比賽名次不重要，但

我想還是有人關心這件事情吧。

嗯。我們還是拿到獎金了，雖然獎金少到大家去吃頓飯就沒了，但還是有微薄的一點獎勵，算是為這個有趣而難忘的比賽做了一個完美又奇蹟似的句點。

……是的，我們拿了銅牌，因為有一隊強壯的女子龍舟隊最後莫名地棄權了。而第一、二名，則是由 A、B 兩局健美的姊姊們囊括了。

菜鳥日記
關於轟轟烈烈

轟轟烈烈地辦了一個全民關注的案子之後，連續幾個月，都在收拾老闆做的這個決定。

就不說那些回不完的抗議信件了。從全台四面八方湧入的民眾陳情、1999、市長信箱，這些都還是小事。文攻其實還能忍受，不過就是動動指頭、回回信，每天加班 4 小時，天天曬著月亮下班，每天煎熬 16 小時再回家，牙一咬一切總都會過去的。可怕的並不是文攻，而是武嚇。

那陣子時常接到拿起話筒就開始播放的送葬音樂，又是嗩吶又是敲鑼，還隱約聽得見誦經的聲音。接幾通之後，我就會自動把電話轉接到政風室去了。

神奇的是政風室總能對這類電話處

18

（ㄅㄞˇ）變（ㄌㄢˋ）不（ㄓㄨㄤ）驚（ㄙˇ）。另外還有人會打電話來，劈頭就咒罵你全家、要你小心身邊會不會有意外發生。特別記得有個激動的民眾，一面咒罵，一面被我們問話：「所以你很生氣，對不對？」「那你叫什麼名字？」「你住在哪裡？」（民眾就在我們的循循善誘下，全盤托出了自己珍貴的個人資料。）

還記得有一次，有個人提著一罐用特大牛奶盒裝著的粉紅色液體，表情堅毅的走進辦公室，恰巧和我坐了同一班電梯。這個顏色的液體，在我腦中除了汽油之外，也沒別的了。我簡直是飛也似地跑回座位，偷偷按了內線電話，請政風室再去關切一下。依稀記得警察後來在辦公室樓下輪班巡邏了好一陣子。

民眾組成的陳情團體也在這風聲鶴唳的時刻湊熱鬧，偶爾就到辦公室抗議、蒐證，哭的、跪的、怒吼著的，什麼樣的人都有。

忍耐了太久之後，終於有一天我拉著政風室的小科員去警察局報案了。

那是一個轟轟烈烈的時代。而今回首則變成了一頁案例的存在。

菜鳥日記
New Life

距離第一天上班到現在，過了 496 天；距離爬到隔壁股，過了 267 天；距離最後一次寫菜鳥日記，過了 125 天；距離調到新單位，過了 114 天。小菜鳥在這裡已經過了一年又四個月了。

從一開始什麼都不會，到現在好像能說出點什麼道理，原來要花接近 500 個日子。從來沒想過我會在這裡待上這麼久的時間，也從來沒想過我會正在做這些事情！只能說人生我真是搞不懂你吶。

從簡單的彙整慢慢進入公務體系，在這簡單不過的流程中，我看清了互踢皮球的姿態。接掌大會業務時，每月一次的彙整量讓人心力交瘁；處理審查案件時，才算是真正接觸到業務的一小部分，大量接觸民眾、申請人、申請單位以及民代，如何滿足以及服務各角色，實在是非常難以平衡。在瘋狂的電話、陳情、信件、民代和長官催討之下，這真是一件吃力不討好的工作。而修法又是另一回事了。

很難想像他們竟然讓一個乳臭未乾的承辦人處理這種業務，不過也是只能硬著頭皮上了，面對那些眼神閃爍著光芒隨時等著大開殺戒的商人，我認為修法的過程，就像是在一個大玻璃屋裡面工作，而玻璃之外有一群人正虎視眈眈的等待著你是不是會出那麼一點錯，他們正準備衝進來，趁你出錯的時候大舉進攻。是的，你應該不能出錯才對。

在覺得這一切噁心到讓人厭倦之後，連滾帶爬地到了另一個單位，

19

開始審查截然不同的案件,辦理委辦案,一面從原先的法令中抽離,一面鑽進另一個系統和採購程序中⋯⋯。

每天面對不同廠商,不斷改寫招標文件、變出一些吸引人的文案、點子來填補釣長源源不絕的慾望大洞。不斷地開會,和各路委員打交道,在窄窄的採購法中找尋出路,在短短的履約期間塞進許多委辦工作,討論空洞的「定位」以及「脈絡」,花許多時間和內部打仗⋯⋯。

新的生活就在不斷開會、討論、想企劃、簡報、討論定位、準備開幕、招標、開說明會⋯⋯中慢慢展開,處理隨時可能發生的各種意外。新生活開始充滿了許多 new ideas,

還有很多的新可能,似乎變得有點⋯⋯有趣。

在這裡的第 496 天,我的鳥日子還在繼續。未來的日子會怎麼過不知道,不過似乎還是可以期待一下。慶幸能認識一些溫暖的朋友,做一些很傻很熱血的事,一起大聲笑一笑罵一罵,繼續寫我的日記。

全都是我寫的哦♥

乙方求生指南
採購法：雙面刃

這把雙面刃，一方面用諸多限制，箝制了檯面上的圖利行為，看起來像是為全民保護了世界和平，維持了小鎮的風平浪靜，另一方面也因為這些限制，抑制了超乎公務機關小小腦袋和視野的各種可能性。

只能說這世界上大概沒有一種工具是真正完美全面的吧，我們總是需要更聰明的腦袋、更突出的創意、更正直的心靈、更靈活的機制、更完善的監督。

雖然這一切天真地像是癡人說夢，但真心希望有一天，採購法能夠不再總是為人詬病。

乙方求生指南
同一個目標

有時候你真的覺得甲／乙方，不可理喻到了極點，過分追求細節、凡事確認都要等待再等待、對於承諾過的事情一再反覆、總是有臨時突發的事件。

雖然也很想用幾句髒話發洩一下，或乾脆解約不幹就算了，但你知道其實唯一的解決方法，或許還是試圖站在對方的立場多想想，溝通是你們最需要、也最重要的橋梁了。

唯有甲乙方的目標一致，我們才能最快達到目的地。

獻給每一個夾在甲乙方中間的承辦，以及辛苦履約中的甲乙方們。

乙方求生指南
長官好溝通

衙門內藏著許多善意的謊言，最常見的莫過於這個了：「我們長官很好溝通
的。」

你的承辦總是笑笑的告訴你，不需要擔心，雖然公部門很官僚，但他的單位不
會；雖然長官都有好大的官威，但這位長官不會。

殊不知，一切就在你簽約的那個 moment，什麼就都變了⋯⋯長官的沒有意
見，通常都只是因為長官還沒有把心思花到你身上罷了⋯⋯不可不慎、不可不
慎啊！

獻給每一位正在受苦受難的乙方。

乙方求生指南
請款很容易

你的承辦總告訴你，請款很快速，政府機關不可能賴帳，要你安心接下案子。

於是這個也先付款、那個也先墊錢，就這樣到了請款之時。然後當初那個跟你說「我們請款很快！不囉嗦！」的承辦，又是彎腰又是道歉，和你說了一百個這禮拜還是沒辦法撥款的理由……。

獻給為了收款而等到白頭的乙方們。

乙方求生指南
流程簡便

「放心啦！我們單位沒有一般公家單位的陋習，公文流程最簡便了！」他向你再三拍胸脯保證，他們家絕對不用文來文往，繞過官僚，很多事情可以做得又快又有效率。

只是當你開始履約時⋯⋯

「這部分涉及到長官出席的部分，你可以也補一些資料進來讓我陳核嗎？」

「還有我明天會發一個文給你，請你依照公文內容再補送一份資料給我。」

「對了，還有我們應該要召開一個工作會議，你也先來個文好了，不然我們沒有依據。」

「還有，每期報告書送進來前，我發給你的公文你都要當附件放進來。」

⋯⋯你簡直變身成公文收發機，當初承辦向你描述的世界彷彿是過眼雲煙，然後你做出一個結論：這世界上並沒有存在一個公文流程簡便的單位。

獻給被公文糾纏的乙方們。

乙方求生指南
魔鬼藏在細節裡

契約很重要很重要很－重－要，該注意的事情都藏在條款裡，別怪甲方沒有告訴你。

深藏不露的像是：總是夾在甲乙方之間，被甲方索取來的駐點人員；雖然只是個小案子但絕對不能少，發出去要有面子的紀念品；開會開到肚子餓，中午時分一定要準備好的餐點；還有寫起來很煩，讓承辦寫又等不及的會議紀錄……

給乙方的忠告：投標前看清楚，才不會在履約時氣 pupu 喔。
獻給受苦中的駐點人員，以及總是看到契約才措手不及的乙方們。

乙方求生指南
資訊・對稱？

從上禮拜開始，你已經為了這個案子開了三次工作會議，老闆總是突發奇想新的工作項目，要你立刻轉達出去。為此，你只能認份地當個稱職的夾心餅乾，盡可能媒合甲乙雙方的期待。

就在你核銷失敗了第三次、被長官找了八次臨時交辦事件、又支援了 N 次臨時活動、並被民代索取了不知道幾次資料之餘⋯⋯

親愛的乙方捎來了一封信。一封語帶誠懇、請教進度到何處的信件（雖然或許他的心情並不是如此平和）。

你咬了一下下唇，整理完自己早已忙得不可開支的心情，決定把可以透露的狀況向和你一樣心急的乙方說明清楚。

由於衙門的規矩太多，從未涉足衙門的乙方可能從來都不懂，也想像不出內部究竟有多少戒規需要遵守。希望甲乙雙方都能互相體諒，讓這個不對稱的資訊天平，能夠盡可能地透過溝通，讓兩方在履約過程順遂走到終點。

同事的一百種樣態
生活調劑品

公務員圖鑑

這個深深的衙門裡面，藏了各種神奇人物。相信我，這些人你這輩子都只會遇見一次而已，離開衙門後，這樣的人你還真不知道要去哪裡找呢。

衙門的一百種同事

CHAPTER 4

不愛清潔的同事

隔壁的同事明明就長得乾乾淨淨、一表人才，但你總是一轉頭看到他的座位就皺眉，桌上擺著各種早該扔掉的東西，舉凡三天前就吃完的早餐盒和上禮拜團購的飲料杯，他的位子簡直就是一個迷你垃圾堆。

眼見下禮拜他就要請長假，你看著他毫無動靜的桌面，忍住想替他整理的衝動，用一種看好戲的心態和另一個同事打賭：

「欸，你猜他放假前，到底會不會把桌子收乾淨？」

賭注都還沒成立，那位不愛清潔的同事此刻拉開了抽屜，撈出一瓶兩個月前你幫他買的牛奶，若無其事地隨手又放在桌上了。

明明長得乾乾淨淨，任誰
也想像不到原來個性如此
不修邊幅。

總是會從神奇的地方找
到餐盒和飲料瓶，以及不
知道放了幾天的食物。

桌面和抽屜總會有垃圾
袋和杯子難以消滅。（以
至於環境常出現恐怖的
不明生物。）

01

一問三不知的同事

他總是看起來毫不在乎的樣子。

即使你在他旁邊急得吹鬍子瞪眼睛，他依然可以神色自若地說：「我也很想幫忙，可是……我什麼都不知道」。

前三個月你看在他還需要適應，也就吞下來這一切。沒想到接下來的一整年，他還是完全進入不了狀況一般，對於法令總是一問三不知，彷彿每天都是新生兒的狀態，這個法規就像從來不曾進入他腦袋。

你看著他像是破了一個大洞的腦袋，看著那一望無際的空洞，你知道自己說什麼也沒有用了。

02

腦容量亟需擴充，記憶
力堪比 7 秒重置一次的
金魚一般脆弱。

總是雙手一攤表示：

「我什麼都不知道」
「我也很想幫忙，可是⋯⋯」
（一切就差在那個 but）
（我愛莫能助）

不會寫公文的同事

不知道大家身邊有沒有這種同事？

平常講話有條有理，幽默風趣、反應很快，更熱衷參與各種社會議題和運動，完全是個優秀又熱血正直的青年。除此之外，個性很好，對同事也都很好，出手又大方。

但就差在這個 but ！！！

只要他一寫到公文，馬上就破功，之前想誇獎他的話全部想都要收回去，因為他真的完、全、不、會、寫！！就算把公文裡面拗口的之乎者也、假掰的文言用語全都拿掉，他寫的公文不知道為什麼，就是讓人看不懂，身為他的職代和小主管，除了痛苦之外，還真沒有辦法能形容這種慘況了……。

常參加各種運動，思維
清晰有條理。

03

說話幽默，反應很快，總是
會逗大家笑得東倒西歪。

待人親切，出手大方，什麼
都好但就是公文寫不好！

勤練太極的同事

他看起來與一般人無異，坐在座位上盯著電腦螢幕的時候，你根本察覺不出他是深藏不露的武林高手。一直到電話響起──

「……您好，很高興為您服務。您說的狀況我都清楚了，不過這部分不是我負責的範圍，您應該要撥另一個分機才對。」

「您好，雖然這個文是我們單位收了，但負責人不是我，我也不太清楚。」

「不好意思，我才剛接這個專案不久，我先把電話轉接給我們主管，請他來回覆您好嗎？」

你瞠目結舌地聽他推掉了所有的事情。所謂的以柔克剛、以靜制動，就是他的寫照，不論外面的世界發生多急迫的狀況，他總是能以不變應萬變、永遠用著不疾不徐的態度和速度面對這個世界。

面對這個武林高手，你還真不知道到底有什麼招式能夠贏得了他咧。

百年難得一見的練武奇才，
看起來平凡無奇，卻是個太
極高手。

04

總是以「這不是我負責……」
作為打太極的起手式，什麼都
能推出去是他的最強招式。

（所謂的以柔克剛、以靜制
動，在此人身上就能得到實
證，最厲害的就是此人永遠都
能以不變應萬變，好像這世間
所有俗事都與他無關。）

很⋯⋯慢⋯⋯的同事

「快一點，麻煩快點幫我處理可以嗎，這個案子很急，拜託拜託！」
你氣急敗壞的看著他，然而他一臉還是無所謂的樣子。

「好⋯⋯喔⋯⋯。」他依舊是氣定神閒，好像什麼事都沒有發生，連手
指都懶得多動一下。

眼見時間分秒流逝，你卑微地又問了他一次：「可以稍微加速處理嗎？」

然而這一次，他只是轉動了眼球，像是連呼吸都懶得繼續，頭也不轉地
說了聲：「⋯⋯好。」

（我好像聽到有什麼斷掉的聲音，是不是理智線呢⋯⋯）

由於總是面無表情、不疾不徐，常常
也會被他一臉無所謂的面貌惹毛。
（其實只是他的表情還跟不上情緒，
或是他的腦子轉速過慢導致。）

05

很……慢……

對於十萬火急的案子來說，等
待他完成的這段時間你大概
還能去跑三趟全馬回來……
（我們都要被你急死了，可以
快……一……點……嗎？）

161

手掌巨大的同事

雖然他總是一臉笑意，身邊也從未樹敵，好像這世界從未和他過不去的樣子，只是當他伸出手來的時候……（咦，他不是要跟我 give me five 嗎？等等，我們不是站在同一條陣線上嗎？）

他緩緩伸出大得不合理的手掌，朝著目標拍了下去，清脆而悅耳。等等，這不是長官的屁股嗎？

這下你終於知道他的手掌為什麼這麼巨大了。（想必手掌這麼大，也沒辦法好好處理公事吧。）

06

手掌巨大，在你以為他想和你 give me five 的瞬間，他已經拿這隻手去拍馬屁了。
（雖然天生我材必有用，但對本手掌拍馬屁以外的功能，實屬未知。）

雖然總是滿臉笑容，但你似乎看不穿笑容背後究竟在想什麼。
（就在你納悶的同時，主管又將他手上應該負責的業務轉交你處理了。）
（媽，你為什麼少生了笑臉和手掌給我？）

熱愛挑錯字的同事

大家身邊不曉得有沒有這一種同（ㄓㄤˇ）事（ㄍㄨㄢ），總是對你的公文毫無意見，每次想跟他討論的時候，還沒出發你就知道他不會有任何想法的。你決定這次還是讓他再多了解一下案情，於是又過去找他討論了一下，他說：「好，你公文等下放我桌上。」

你走回座位繼續忙了一個下午，終於等到他從座位慢慢走過來，帶著你的公文，然後說：

「你這裡有幾個錯字，麻煩改一下。」

可能擁有著高深莫測（？）的智商，因為藏太深了，常會被眾人忽略這件事。

通常對公文架構和方向沒有想法，但尤其擅長抓錯字。如果用字不夠文言也會被糾正。

07

有控制狂的同事

「不對,你這邊就應該這樣啊 。」

雖然有些時候,你覺得有人能幫你決定沒什麼不好,像是不知道該吃什麼午餐、該選什麼交換禮物的時候,他總是能簡單地替你決定好,但多數時候,他還是稍微煩了一點。

其實你也不是沒有自己的想法,但他偏偏罹患控制狂症候群,好像除了他之外的所有人都是笨蛋,每件事都要發表高見、徹底控制一番。

拜託,可以控制好自己的人生就好了嗎?

自認自己的智商卓越超
群,其他人都是笨蛋。

08

控制欲極強,對於別人的人生
極愛指手畫腳。

(從午餐吃什麼到假日和誰出
去、對未來有何規劃,都要控
制一番。)

朝三暮四的同事

「這件事就這樣辦吧。」他輕聲下了這樣的指示，大家便開始執行。沒想到才隔沒幾天，忽然你的小主管匆匆地撥內線給你，請你找同事一起進會議室開會。

是前幾天依決議辦理的那件事。

「前幾天不是才決定這樣辦理嗎？我們文也發了、也跟對方單位說好了、後續的執行也都已經擬好對策了。」你一邊壓抑怒氣，一邊忍不住這樣抱怨。

只見那位同事眉頭一皺，接著，你們便開始將前幾天做的白工打包進垃圾桶，重新執行。

身邊常有一隻忠心耿耿小
夥伴能夠隨時聽他使喚。

大概除了猴子外，其他人
都能立刻指出朝三暮四的
荒謬。

朝三暮四界的天王，任何事情都
能說變就變。（並且毫不承認自
己的善變。）

169

極會摸魚的同事

「欸，電話是找你的。」你忙得不可開交，幫他接了通電話，頭也沒抬就等著他來把電話接去。沒想到本該在座位上的他，竟然就這樣消失了，一直到午休結束，他都沒有再回到座位上。

然而正當小主管怒氣沖沖從辦公室朝他座位走來，你開始替他擔心的那個 moment，他彷彿用著看不到的觸角提前感知到危險，像是剛跑完文回到座位上一樣，理所當然地出現了。

明明看起來很平凡，卻總能在意想不到的地方展現摸魚長才。

（例如常在打上班卡後華麗的轉身出去買早餐，或總能在午休前半小時就出現在附近的餐廳，以及總是在奇怪的時間發現他消失在座位上。）

10

擁有神祕的感應系統，總能在被主管發現之前回到崗位。

正義凜然的同事

每次遇到不符合公平正義事件的時候，你隔壁這位隊長總是會率先批判，在他能接受的範圍內，他會盡量勸你換個角度思考，用劇烈的正能量說服你，長官並不是那樣不可理喻，這世界還不是糟到無法承受。

有時候上面交下了特別麻煩的事情，他也會自告奮勇說：「其他人最近比較忙，這個案子比較複雜，還是我來處理好了。」默默地把最討厭的案子給吃下來。雖然還是會抱怨，但仍舊能用熱血的正能量轉化，不知不覺，你覺得身邊有一個這樣的夥伴也不錯。

只是當他的正能量再也無法正常運作時，爆炸的威力，也不是一般人能夠承受的。

G for gov.

11

阻擋負能量的盾牌。

有極強正義感,常熱血到讓人
覺得全身沸騰。(適合當少男
漫畫的男主角。)

充滿熱血與正能量,遇
事總能用無限正面思考
對抗。

(平常全隊都靠他的正
能量支撐,但連他也爆
炸的時候,往往事態就
會一發不可收拾。)

活在網路社群的同事

他特別熱愛發文，工作上的任何細節，只要有他參與的案子，一定會被鉅細靡遺地更新在他的社群網路上。

他喜歡拍照、熱愛記錄，也喜歡寫文章，在上班時間，你幾乎沒發現他是這麼活躍的人。除此之外，他對於好友數、按讚追蹤人次和評論都非常在意，為了觸及更多族群，他甚至連 instagram 這種年輕人的玩意都開始接觸了。

對於他在網路社群的熱誠，你深深感到不可思議，彷彿他整個人，都活在這虛擬的世界一般。上班已經夠忙了，每天回家，你頂多也是在自己的臉書上抱怨一下工作，滑一下朋友的近況，對於此人，你深深地產生了某種神奇的敬意。

12

非常想要打進年輕族群,一把
年紀,還學習如何拍攝假掰文
青照發 IG。

把 facebook 當成自
己的門面在經營。凡
事都要美化再美化,
並且對按讚數和追蹤
數的得失心很重。

即時通訊和社群 app 簡直片
刻不離手。雖然台灣 twitter
的使用者比較少,但經營外國
人脈這也不能省略。

熱愛寄信的同事

明明就坐在離你沒幾步的位子，卻不論什麼事情都用 email 交辦，有時候只要兩句話便能說明的事情，卻硬是寫了長長一封交辦信件，讓你光是看到新郵件就覺得全身疲勞，心情沉重，噁心想吐。

拜託，是真的不能走過來和你說句話嗎？

13

由於極度愛發郵件，手指非常靈活。（特別是按滑鼠的那隻食指。）

CLICK!

明明隔沒幾個座位，卻完全不想從位子走過來，腿部運動極少。（大概只有在人生三急和通勤才會使用。）

極度依賴郵件溝通，即使能夠簡短講完，仍要用電子郵件催辦任何公事。（企圖完全不要使用到嘴巴。）

熱愛清潔的同事

你懷疑他有潔癖，甚至有點擔心他那短暫的記憶力，會不會導致生活上的不便。明明就是前天才到他辦公室報告過的事情，怎麼隔天民代一問，他又好像從沒聽過這件事情一樣，轉個身，竟已戴起手套，開始東刷刷、西掃掃，好像一切都與他無干一樣。

好了好了，你已經推得夠乾淨了。你看著對這件事一塵不染的他，彷彿看到他那潔淨無瑕的大腦一般，亮晶晶，什麼痕跡都沒有。

非常愛乾淨，不論被問到什麼
問題，都能推得一乾二淨。
（有潔癖。）

患有間歇性失憶症，常
會忘記自己說過什麼。

14

特別在意時間的同事

「快快快！你前天不是答應我，要先把鈞長在追的這個案子簽出來嗎？」

「不是啊，還有民代關心那個，你要我明天怎麼跟民代交代？！」

你望著臉龐已經變成時鐘的他，開始懷疑這個人花了這麼多時間準備考試、變成主管，難道畢生心願就只想當個準時的傳聲筒嗎？

「我……手上還有 20 幾個案子，每天都被催辦，還有兩個老闆交辦的案件急著上網，還有接不完的民眾電話和陳情，可以不要一直催嗎……」你盯著電腦螢幕，試圖壓抑心裡面那一堆述說不清的委屈，一個字、一個字慢慢告訴他……

特別在意時間,尤其是來催你
案件的時候。(但不會管你現
在到底手上還有多少事情。)

15

總是跑來跟你說:

「鈞長指示 ...」
「民代要求 ...」
「市長希望 ...」

(讓你懷疑他到底除了轉達之
外到底還有沒有別的技能,考
上國考豈不是浪費了?!)

目光如豆的同事

「好啊！那這案子就這樣辦好了！」他說得理直氣壯，不僅是對內，甚至連對外都這樣聲稱。

你擔心地看著他，輕輕提醒了他一句：「如果這個案子這樣辦下去，那這條法令豈不是被突破了，之後要變成通案嗎？」

「不是啊，就這個案子就好，我沒有說所有案子都要突破那些限制啊，但難道這個案子不行嗎？」

你望著他單純而固執的臉，再三向他確認這件如果溯及既往就無法收拾的事情，恨不得命令他快點戴上高倍率望遠鏡。

快睜開眼睛、看遠一點好嗎？

腦袋單純（究竟是單純還是腦子空空依舊是個謎。）

16

為了補足視野的不足，特地帶上望遠鏡。（只可惜這也不足以補足他缺失的遠見。）

目光短淺，只看得到眼前發生的事情，從不放長遠去看。

背黑鍋的同事

天將降大任於斯人也，必先苦其心志，勞其筋骨，餓其體膚，空乏其身。

但當天降大黑鍋的時候，你究竟該怎麼辦才好？面對這個閃也閃不掉的大鍋，眼見就要變成你背上的負擔，你卻像啞巴一樣說不出苦……

（誰叫你蓋了那一顆章。）

好大的一口鍋就這樣背在身上，又重又沉。（還擺脫不掉。）

17

完全是啞巴吃黃連，有苦說不出的狀態。（誰叫你蓋了那一顆章。）

腦波特別弱的同事

「我這個月已經透支了，不要再找我團購了！！」
他難得板著臉說出這個月不再跟團的宣言，你看著他難得正經的神情，
準備相信這次他的決心。

沒想到就在這個 moment，隔壁科的同事忽然拿了個本月最新發售的
限量版紀念杯過來，正在展示這個杯子有多可愛的時候⋯⋯
「欸！！！真的好可愛！！！我也要＋１！！！」果不其然。

此後你便決定，不再同情總是在月底吃土的此人。

18

腦波想必由此進入。（團購有缺人，揪他就對了。）

明明已經阮囊羞澀（吃土中），卻總是在說完「這個月要節省」後輕易地說出「好啊，+1」。

左手 +1，右手 OK

找他團購總是能夠事半功倍。（也適合做為主購。）

自帶背景的同事

前面一陣金光閃閃，亮得你眼睛快要睜不開。定睛一看，原來是你那自帶背景的同事出場了。

其實他也不是特別壞，但偏偏就是背著好大一片背景，讓幾乎每個人都要敬他三分。你看著大家對他畢恭畢敬的樣子，心裡不禁淺淺地怨嘆：為什麼這年頭投對胎這麼重要，就算沒含著金湯匙出生，至少也要自帶背景出生才對啊……。

你看著他天生就有的背景，除了羨慕以外，只想說聲：
「媽，你怎麼就不生塊背景給我？」（淚奔）

19

走到哪裡都因為自帶背景，多數人都要敬他三分。

（其實他真的不是膽子大，只是自帶的背景很大一片而已。）

（不論是含著金湯匙或自帶背景出生的人，同樣令人羨慕。）

蓋白章的同事

你看著他，慢條斯理說話的樣子。不說話的時候，好像全世界都為他停止了，你甚至懷疑他那顆裝在頭顱的大腦，是不是已經停止運作了，還是他其實是個金鐘獎最佳演員得主，才有辦法偽裝得好像一切都和他無關的樣子。

當事情和他有關的時候，他總是一臉不在乎，然後順手一推，這件事好像就跑到別人身上了。他唯命是從，使命必達，只是達成使命的永遠不是他。

你正懷疑他到底有什麼事情能做得飛快的時候，忽然間，你看到他的無影手，正以讓你驚訝的速度，蓋完桌上那隆起的公文們。

20

腦袋轉得不快，慢到你有
時甚至會懷疑他的腦子是
不是停止轉動了？

講話速度不快，幾乎讓人
無法專心下來聽他說話。

蓋章速度極快，甚至不
需要思考和閱讀，就能
迅速蓋下職章。
（別擔心，再多的公文
他都能馬上蓋完。）

變成女漢子的同事

你看著眼前火冒三丈的她，實在難以想像剛進來的那年，她還是個打扮時髦、溫柔又秀氣的女孩。不知不覺，看起來柔弱的她竟然也變成眼前這個生氣就拍桌、臉上浮著青筋卻依舊不放棄捍衛自己的女漢子。

就算面前站著咄咄逼人的民代、氣勢凌人的鈞長，女漢子同事總是能變成神力女超人擋在前面，為了所謂的正義奮戰。你在心裡暗自替她加油，決定要成為她溫柔的力量。

獻給每天不斷奮戰著的女漢子同事們。

21

嫻淑的形象是什麼,能吃嗎?(時常以潑婦罵街的形態出現。)

曾經也是每天都會化妝、打扮漂亮來公司上班的俏麗少女。(現在覺得紮馬尾最方便。)

徹底和女性化服裝道別。(細肩帶和洋裝只有在喜酒才會穿了。)

長期女多男少,不知不覺長出了結實的二頭肌。(女生當男生用,男生當畜生用的概念。)

金魚附體的同事

「啊，我忘記了……」你望著他無辜的神情，差一點就相信他真的什麼都不記得的這件事情。

這是今天忘記交辦事項的第三次。你真的離生氣邊緣就只差一步了，雖然千交代萬囑咐，此人依舊把你的耳提面命當做耳邊風，儘管他已經表現出很積極認真努力的態度，但隔沒多久後，他還是會露出無辜的笑容對你說：「不好意思，我忘記了……。」

雖然你一再試圖原諒他，但一想到每次報加班的時候，他總是能精準寫下自己的加班時間，忽然你發現他好像也不是那麼金魚腦的人物。

傳說中金魚的記憶很短暫，此人的腦袋也彷彿被金魚附體一般，交代他的事情總是倏忽即逝，任何情況都能以「我忘記了」作為解釋。

（奇怪，填寫加班時數的時候你怎麼就不會忘。）

（但除了金魚腦之外，此人大概沒有什麼值得一提的地方了。）

隨時補妝的同事

咦，她不是五分鐘前才剛補過妝嗎，怎麼現在又把化妝包拿出來了？

你沒好氣的替她接起桌上響個沒完的電話，一面好奇她現在到底是又要在臉上塗抹什麼東西。

她補妝的頻率已經高到超乎想像，你甚至會開始懷疑她會不會真的帶著妝睡覺，甚至連洗澡後都不卸妝。正當你這樣懷疑時，她帶著三支筆刷，默默地走進化妝室。然後你忽然恍然大悟為什麼廁所要叫做「化妝室」了。

如果她肯把美化自己的時間多花一點在辦公上，那一切豈不是很完美嗎？

23

熱愛補妝，好像離開水的魚一樣
無法離開化妝用品。（就先不論
長相究竟和補妝頻率是否產生正
相關了。）

能夠為了補妝，恣意放下手邊
正棘手的案件，只為了維持女
神形象。

（這位女神您補的是
妝，不是在塗牆壁啊，
豈有疊了又疊、疊了再
疊還是不夠厚實的道
理？）

面無表情的同事

剛來的時候，你總是被辦公室那幾個面無表情的同事給震懾住。和你不一樣，他們是會把所有心情都收在自己那變化幅度不超過 3 度的表情之中，常常你都沒發現，其實他並沒有心情不好，只是臭臉罷了。

後來你們熟了之後，你才發現，面無表情的同事其實有一顆溫暖的心靈，有著喜愛 +1 團購的弱腦波，還有內心澎湃的小劇場。只是被他們不太笑的臉給掩飾了而已。

然後，你們變成好朋友了。

獻給每一個「我只是長得兇，但沒有心情不好」的你們。

總是用同一副表情面對世人，有時候你真的不知道他的內心世界發生了什麼事情。

微笑幅度 <3 度，他只是面無表情，並沒有在生氣。（但還是有點讓人害怕。）

雖然外表冰冷，但內心應該是個溫暖奔放的人類。（大概吧。）

鬼靈精怪的同事

他總是蹦蹦跳跳的，充滿活力的。總是會在大家失去動力的時候，忽然想到個有趣的靈感，接著「咻──」的像是煙火一般，在你還來不及反應時，就閃出漂亮的火花。

他總是很聒譟，對於各種議題都能有自己獨到的想法，他有點不一樣，叛逆，直接，銳利。有時候你簡直被他停不下來的腦袋和嘴巴給疲勞轟炸。

但你還是很喜歡這樣的人出現在衙門裡面。因為他豐富了這個無聊又一成不變的地方。

獻給每一個鬼靈精怪的靈活腦袋，你們要繼續為了世界的和平（？）堅持下去唷。

活力充沛，讓人稍微不解他到底怎麼會進入這地方工作的？

總是充滿鬼點子，有時候你都懷疑他腦袋到底是怎麼組成的？

25

好像有說不完的話，嘴巴和腦袋都停不下來。（尤其是接完投訴電話之後。）

頭腦超直的同事

「你的腦袋，可不可以稍微轉一下啊！」忘了這是這禮拜的第幾次，隔壁那個頭腦超直的同事被氣沖沖跑出來的主管罵得狗血淋頭了。

你看他依舊氣定神閒，不服輸的說：「不是啊！我只是要謹慎一點而已！」

看著他不斷用他那毫不彎曲的腦袋處理業務，你真的有一種恨鐵不成鋼的感覺。（並且對於他報到後直線上升的投訴量感到十分無奈。）

頭腦簡直沒有轉彎，合理估算如果將此人的頭腦具象化，應該會多出 1.5 倍的頭顱高度。

（時常會因為某些讓此人轉不過來的瑣事而生氣不已。）

26

對於頭腦不會轉這件事並不承認，總是嘴硬但一再重複相同的低級錯誤。

（公文之神啊，可否不要再讓大家擦他的屁股了。）

唯命是從的同事

其實你也很好奇，究竟他是吃了什麼東西，才能在每一次你即將氣急攻心的時候，還能保持冷靜，妥妥地對長官說出「Yes, sir.」

你對於他深不可測的修養和耐力感到不可思議，卻也常被他胡亂答應後所產生的後果感到困擾無比。雖然當個好人是不錯啦⋯⋯（至少每年的考績他都拿到了甲），但偶爾還是希望他可以稍微懂得拒絕，即使忠言逆耳、壞人沒人想當，但至少在應該據理力爭的時候，他可以試著表達該有的立場。

對長官說的話沒有半句怨言,無論什麼要求都能夠接受,堪稱衙門中的 YES MAN。

(請對他行三鞠躬禮表示尊敬。)

興奮或開心的時候,會擺動得更為劇烈。

舌頭長刺的同事

他面目猙獰地接了一通電話。充滿著不悅的聲音，你光是看他激昂的語速和震盪的眼白就知道大事不妙了──沒錯，他正用著你來不及阻止的速度，脫口而出一串得理不饒人的訓話，而對方還是公務員的服務對象：民眾。

你實在很想把電話搶過來，但一切都來不及了。正當翻了第 32 次白眼、噴出第 43 根舌上的刺之後，他氣沖沖地結束了這通電話。

心直口快的他贏了這一場講理的戰爭，但有時候對方或許根本不在乎這件事有沒有道理也說不定。又或許，隔天他就會透過 1999 或市長信箱驗證這件事了。

性子急、腦袋轉得快，討厭笨蛋。

眼白很活躍，幾乎是全身最誠實的器官。

28

個性善良卻嘴上不饒人，舌頭上就像長了刺，總是脫口而出刺人的話。（尤其容易刺傷玻璃心。）

文言文時尚
假掰拗口文謅謅

公文用語教室

簽？稿？跑文？面研？壓八碼？對文言拗口的公文用語感到暈頭轉向、理解不能嗎？歡迎來到寶寶的公文用語教室。

CHAPTER

5

一種公務員隨時都要做的工作之一，
白話一點叫做：「寫公文」。

翻譯米糕 以寫懶人包的方式告知長官目前發生的狀況，通常須包含所有附件和來龍去脈，但還是越精簡越好。（你也知道長官都日理萬機，很忙沒空看公文的。）

使用時機 幾乎天天會用到。只要長官說「快簽出來！」「你簽了沒？」「簽到哪了？」的時候，菜鳥一定要馬上簽辦。
⚠好發於案件被民意代表密切關切時。⚠

延伸閱讀 ＃簽 ＃稿 ＃大簽 ＃便箋 ＃簽稿併陳

這也是日常文書工作,由於長官非常忙碌,幾乎所有對外的發言都是由基層來構思的。

(翻譯米糕)　一種對外發函之前的草稿,被長官批示之後才能發文出去。重點是要預先替長官想好所有該傳遞的事項,盡量不要把話說得太滿。請扮演好長官的打字機和傳聲筒工作。

(使用時機)　開頭常以「親愛的市民朋友」作為假裝親切的開端,然而一旦認真看內容就會發現裡面的詞彙必須寫得既不白話,又不正面給對方承諾。(但這樣看起來比較有學問吧?)

(延伸閱讀)　# 稿　# 簽稿併陳　# 簽　# 便箋　#1999　# 市長信箱

壓八碼

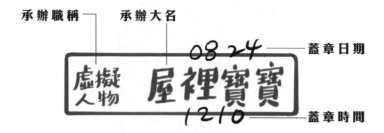

承辦職稱　承辦大名　0824 ── 蓋章日期

虛擬人物　屋裡寶寶　1210 ── 蓋章時間

翻譯米糕　所謂的壓八碼，就是把那顆（有些承辦誓死保衛的）職章蓋在千辛萬苦打完的公文上，並畫押上今天的日期和時間。

使用時機　雖然你只是一個最基層、最不重要、最先死的那個小承辦，但想想所有人都會接著在你後面排排隊蓋章，這種感覺還是能稍微爽個 0.5 秒吧。(屬於一種阿 Q 心態。)

延伸閱讀　# 壓八碼　# 清稿　# 速來商

什麼都是假的，只有如擬是真的！

（翻譯米糕）就像小時候得到甲上三顆星的感覺，白話解釋是「好啦」或者權威一點，表示「朕知道了」或「just do it」的味道。

（使用時機）千辛萬苦打的公文終於被長官核可，如果是今日到期的公文，看到這兩個字的時候會特別感動，甚至潸然淚下。畢竟誰都有那種趕著五點半發文的時候吧？

（延伸閱讀）# 如擬 # 可 # 發 # 閱 # 悉 # 如核擬

可說是假掰前三名，實用度極高，學起來後能迅速提升專業值，推薦指數五顆星！

旨揭

翻譯米糕：主旨有說過的那件事，代名詞。有時不想要一再重述前面已經說過的詞，也會用「前揭」、「前開」、「上開」等其他代名詞取代。

使用時機：超－常－用，天－天－用，堪稱是公文假掰界的大明星，無人能敵的頻率王！能夠取代任何前面所說過的詞，根本萬用代名詞。

例句：
主旨：有關寶寶未於每天晚上 po 文一案，詳如說明，請查照。
說明：一、經查旨揭案係因寶寶生性偷懶，喜愛社交，故無法於每日下班後準時坐在書桌前畫圖，先予敘明。
二、……（略）。

延伸閱讀：# 前揭　# 上開　# 前開　# 先予敘明　# 惟　# 經查

214

平平都是人生父母養的，為什麼人就是要分三六九等……

敬陳核示

（翻譯米糕） 拜託長官您高抬貴手、這份公文一定要麻煩您的玉手在右下角輕輕寫下批示（卑微）。

（使用時機） 公文效期通常都和卑微程度成反比，如果是當日到期的文，一定要帶著謙卑謙卑再謙卑的心情，並擠出這輩子最陽光的微笑，耐心等待長官核示。

（延伸閱讀） ＃如擬 ＃可 ＃發 ＃請來商 ＃代為決行 ＃清稿 ＃敬陳核示

翻譯米糕 有「計畫、打算、預計、建議……」等含義。是一個使用頻率非常高的單字。如果它稱第二，恐怕沒有其他字能夠占據第一名寶座。表示「想要這麼做」的語氣。

使用時機 每日寫公文必用。進行公文寫作時，由承辦人「擬辦」某件事，經過陳核，再由長官如你所擬。用在簽和便箋時，皆為說明某案後，提出預計的應對方案，請問對方的意見。

例句：有關公部門奉命關冷氣一案，擬邀請各部會局處長官和民意代表一同響應，將窗型冷氣同時關閉，和全體基層公務員共體時艱，當否？

延伸閱讀 ＃簽 ＃稿 ＃便箋 ＃擬 ＃如擬 ＃當否

當你不確定的時候，有一句話很好用……

翻譯米糕 「可以嗎？」「這樣做好嗎？」「適當嗎？」「這樣可行嗎？」的意思，疑問句。常用於句末，安插於「請核示」之前。

使用時機 當你對案件存疑、不確定性很高，擬完公文還是覺得十分擔心，無法自我說服時……（溫馨提醒：擬公文的是你，該負責的還是你唷。）

例句：有關「寶寶貼圖」採購事宜，數量擬依本單位全員員額採計並逕行採購，當否？請核示

延伸閱讀 ＃請核示　＃敬陳核示

**不知為何公文都喜歡用一些正常人要想很久
才能會意的字句，像是「刻正」。**

（翻譯米糕）　馬上。right now。V-ing。
不容片刻遲疑，有「正在……」的意思。

（使用時機）　強調這件事情你已經正在辦理了，請不要一直質疑這件事，
但文言一些的用法。

例句 1：本案刻正辦理協調事宜，擬於協調後進行 #$@%#$%……。
例句 2：你後面那個小主管，刻正打瞌睡中。

（延伸閱讀）　# 俾　# 憑辦　# 撙節　# 速來商

轉折語之於公文，是非常實用的存在……

翻譯米糕　轉折語，用在句中。只是、however 的意思。

使用時機　常用在句中表達轉折語氣，有「然而」、「但是」之意，用來連接上下句。常出現在公文中。

例句：捕蜂捉蛇雖非寶寶專業，惟此係屬功德一件，故鼓勵繼續捉蛇捕蜂，以維護環境安全。

延伸閱讀　#擬　#係　#至　#查　#茲

219

碰到猛爆型的長官在寫了老半天的公文上貼這條子，
真恨不得把公文甩到他臉上……

翻譯米糕	又常以「面研」、「面談」或是「來研」……等型態出現，是一種長官覺得你寫的公文很有問題，他根本懶得幫你改公文，準備叫你來臭罵一頓的委婉書面用語。
使用時機	有時候有些恨鐵不成鋼的長官會直接在公文上畫一個大叉叉，以表達他對此公文的深度不滿。去找長官等於討罵挨，極傷身體，務必在找長官面研時小心為慎，以和為貴。
延伸閱讀	# 面研　# 清稿　# 速來商

當市民朋友打電話來找隔壁的同事，而你回答「他去跑文」時，或許可以解釋一下……

| 翻譯米糕 | 有今天到期的公文，不得不放下手邊明明忙得不可開交的工作，只能帶著公文去向長官拜託，請他們高抬貴手、蓋下職章。跑文＝帶著公文跑的意思。 |

| 使用時機 | 有到期公文時、接到民意代表關切時、需要馬上改分時，還有長官召見的時候。
⚠好發於重大議題及選舉期間，通常會有大量民代關切案件，而且他們都很急。⚠ |

| 延伸閱讀 | ＃改分　＃1999　＃市長信箱　＃親持　＃持會　＃持送
＃持呈　＃持卷　＃持批 |

出場頻率極高，堪稱假掰公文界前三把交椅之一：臺端。

翻譯米糕　您、閣下、這位大德的意思。表示對第二人稱的尊敬用語。

使用時機　回覆民眾來信時最常使用，帶有尊敬客氣的意涵，算是基本
的公文用語。

例句：有關臺端來函指出國旅卡應正名為「相忍為國卡」一案，本
府知悉。（但臺端的意見我們沒有要採納 ^_<）

延伸閱讀　# 面研　# 清稿　# 速來商

〔備查〕

翻譯米糕　在不違法的情況下,你有全權處理這件事的權力,但完成之後需要向上級單位說明你做了什麼。此時主管機關只能回文說:「我知道了。」

使用時機　當這件事情不需要透過政府實質審查、經過核備,而是只需要向政府報告「你要做了喔～」的時候。

例句:勞基法第 34 條規定輪班換班間隔以 11 小時為原則,如果要變更休息時間不少於連續 8 小時的話,要報當地主管機關備查。

延伸閱讀　#核備　#報備　#查照　#核定

這個字有非常多兄弟姊妹，雖然假掰但又不難理解，以至於出現在公文的頻率極高。

翻譯米糕　前面說過的那件事，代名詞。它的兄弟姊妹還有：旨揭、前揭、前開等用語。簡單解釋的話，可以把「上開」以「上述」來取代。（是不是瞬間從艱澀變得易懂了！）

使用時機　極常。使用公文時必備，就像呼吸那樣簡單自然。
　　　　　因為公文常需要重複說明一件事，所以這些代名詞是不可或缺的高頻率用字。

　　　　　例句：有關寶寶包上市事宜，業已公布於偽公務員的菜鳥日記粉絲頁供夥伴選購。惟上開粉絲頁貼文眾多，恐有洗版之虞，請夥伴不吝自行搜索，實感德便。

延伸閱讀　#旨揭　#前揭　#前開　#上開　#實感德便　#惟

這是一個打起來很帥，當做結尾語超好用，
但真的可以白話一點的詞。

合先敘明

（翻譯米糕）「先讓你知道一下」的意思。語尾詞。特別用來收尾專用，
而且有點帥。義同先予敘明。

（使用時機）前面案情很複雜，你要用說明一、二、三來解釋，但講完了
說明一不知道要怎麼結尾的時候。

例句：經查上禮拜你喝醉帶回家的那個女人，其實是我的大學同
學，她之前業已搶過我一次男朋友了，合先敘明。

（延伸閱讀）# 經查 # 先予敘明 # 併與敘明 # 業已

雖然下條子不需要跪下接旨，但它的重要程度
大概也跟聖旨差不多了……

〔下條子〕

翻譯米糕　條子有如聖旨，民代們的條子一下，代表他們心裡急，你必須在有限的時間內排除一切困難，一心一意地讓民代的一個願望獲得三次滿足。（呃……至少也需要滿足一次就是了。）

使用時機　好發於民意機關開議期間，這是一段會讓你質疑究竟是農曆七月的鬼門開比較可怕，還是開議期間更讓人恐懼的時期。一言以蔽之，被下條子雖不用下跪接旨，但務必妥善處理民代們的條子，別讓你的長官們不開心。

延伸閱讀　＃民代關切　＃模擬題　＃開議　＃留守　＃索取資料　＃府會聯絡人

有一種人，穿梭在正義和邪惡（？）之間
為議場和公部門搭起友誼的橋梁……

府會聯絡人

翻譯米糕　所謂的府會聯絡人，就是在民代面前先解決眼前發生的猛爆性攻擊，再把沒辦法一次說清楚的事情統統帶回來做，營造一種 win-win 的局面。

使用時機　被議員徵召的時機：未定。
有可能只是想找聯絡人去喝茶了解狀況，也有可能只是日常的聯絡感情。最可怕的是在質詢期間，聯絡人總是要為此疲於奔命，還把一堆不屬於單位能處理的棘手案件帶回來給承辦人處理。
⚠好發時機：選舉前後、質詢期間。⚠

延伸閱讀　# 下條子　# 模擬題　# 開議　# 留守　# 質詢期間　# 索取資料　# 會勘　# 府會聯絡人

227

民代關切

翻譯米糕　恭喜你中大獎了！！！通常被民代關切過的案子，進展都會非～常～順（ㄙㄞ ˋ），不管前方有多少阻礙，同志們必須使命必達，務必排除萬難、突破框架、完成交辦！

使用時機　民代們都是全民預算的守護神，既然是神，當然沒有辦法預知神仙們出現的時機，只是當祂們大駕光臨時，一定要有效率、有禮貌地向祂們問好！
⚠尤其是遇上重大議題或是選舉之際，眾神們下凡的時間會較有彈性，務請留意。⚠

延伸閱讀　# 下條子　# 模擬題　# 議會開議　# 留守　# 索取資料　# 會勘　# 民代關切　# 民代的朋友

**親愛的市民朋友：您的意見市長非常重視，
已交由本單位辦理……**

翻譯米糕　您的意見市長從頭到尾都不知道，我們就算再努力往上簽，
大概也只會多幾顆章的人會看到您的問題而已唷。
而且市長那麼忙，您們等待的耐心就和公文時效一樣短，所
以……(市長沒看到。)

使用時機　每逢市民不滿和需要陳情時。特別好發於個人權力被侵犯及
發生重大新聞事件時。

延伸閱讀　#1999　# 市長信箱　# 市政信箱

第一次發現，原來在這個世界上，有一種你會希望有它就沒有你，有你就沒有它的東西……

1999

翻譯米糕　不曉得是哪一個神人發明來服（ㄋㄩㄝˋ）務（ㄉㄞˋ）市（ㄔㄥˊ）民（ㄅㄢˋ）的工具。讓所有承辦們可以在上班時間跟整個星球的人來電傳情，溝通零距離。

使用時機　Anytime, anywhere. 無論何時何地，只要拿起手中的電話，幾秒鐘的時間，馬上能讓市民直達市政府的天聽。真是佩服發明者、偉哉發明者！

延伸閱讀　# 市長信箱　# 親愛的市民朋友

改分有兩種：一種是改分給別人，一種是被改分。

改分

（翻譯米糕）這個公文不是我們家的，到底是哪個＿＿＿＿＿＿（消音）單位把它分過來的？？不會是因為那封信裡面的其中兩個關鍵字吧？（沒錯，真的是該死的關鍵字使然。）

（使用時機）越．快．越．好！！！因為所有公文都有可怕的時效性，如果在你收到的第一時間沒有以跑百米的速度，立刻馬上去找可靠又肯負責的長官替你改分，要嘛就是自己硬著頭皮亂回其他單位的業務，不然就要有其他單位收到改分公文後，被他們詛咒的心理準備……。

（延伸閱讀）# 市長信箱　#1999　# 民眾滿意度調查

當收發桌慎重而神聖地賜予公文一張條碼，
這紙公文便活了起來，從此再也無所遁形……

【貼條碼】

翻譯米糕　貼條碼猶如公文界的 GPS 追蹤器，衙門每天收發的公文多如
繁星，這時候只需要貼一張條碼，公文就是傳到天涯海角也
能被找到。

使用時機　每天、每小時、每分鐘，都會有無數的條碼在全台灣的公部
門中誕生，也算是個生生不息的世界呢。

例句：你的公文有貼條碼嗎？我怎麼找不到？？

延伸閱讀　#壓八碼　#滿意度調查　#關懷小組

你有沒有想過，
台上那個講得口沫橫飛、振振有詞的政界大明星長官，
其實講稿內容竟是一個剛出社會、
閱歷比你還少的菜鳥所寫……

致詞稿

翻譯米糕　　為了避免長官在任何場合說出不諳世事、不解實務的情況，
　　　　　　作為菜鳥以及幕僚團隊，要在此前為長官準備好各種應對外
　　　　　　界的方法，補足長官平時無法了解的業務狀況。

使用時機　　參加重大會議 / 備詢 / 開幕典禮 / 剪綵 / 對談……前，絕對要
　　　　　　提前簽出來，讓長官好好練習幾遍。
　　　　　　⚠好發於質詢期間，為了避免長官當眾出糗，絕對要準備
　　　　　　300% 容量的資料庫灌進長官腦內。⚠

延伸閱讀　　# 定型稿　# 前言　# 後記　# 致詞稿　# 新聞稿

假

翻譯米糕　作為公文用語時，常出現於「地點」之前，表「借用」的意思。

使用時機　借用某個不在自己單位內的地點舉辦活動時，會說「假 XX 場合舉行」。看起來有學問又假掰。由於是「借用」，所以不能用在自己的單位。這個很重要，要在心裡默念三遍！
　　　　　如果在自己單位內舉辦，請使用「於」。

　　　　　例句：屋裡寶寶粉絲見面會將於粉絲人數破 10 萬人時，假總統府前廣場舉行，敬請期待。

延伸閱讀　＃係　＃惟　＃業

廝
俟
業

**學會這三個單字，
保證你的公文 level 又往上提升了
三個等級！**

翻譯米糕 　廝，ㄍㄥ。繼續的意思，是寶寶心目中假掰字前三名。通常
會以「廝續」的形式出現。

俟，ㄙˋ。「等到⋯⋯」的意思，放在句中作為連接詞，算
是常用到的字。

業，一ㄝˋ。表示「已經⋯⋯」，使用頻率極高，也很容易
使用。常作「業已」。

使用時機 　這三個字的使用頻率都頗高，但第一次看到時有可能被它們
假掰的外表給欺騙，誤會自己的眼睛充滿業障看不懂。其實
只要記得它們的意思，就能馬上破解全文的意思。

例句：有關台端檢舉主管在辦公室偷看Ａ片一案，本府業已進行調查，
惟前揭主管離開辦公室時間較短，致調查行動窒礙難行，本案俟該
主管外出將廝續辦理。

延伸閱讀 　# 台端　# 前揭　# 窒礙難行

以下為您介紹本書最艱澀的兩個詞彙！

奉交下① vs. 經交據②

翻譯米糕　泛表「依據」的用語。
①奉交下，奉……(單位)交辦下。
②經交據，經交下給……(單位)，據……(單位)回覆。

使用時機　①這件事情是有憑有據而來，特別表明這事不是忽然冒出來的。（當然也不是你忽然被託夢忽然想辦。）

例句：本案奉交下某民代 107 年 5 月 17 日會勘口諭辦理。

②這件事已經交給某單位，據其所稱……。

例句：本案經交據某單位查復如下。

延伸閱讀　#至紉公誼　#毋任感荷

如果說要把最簡單的字說成假掰的詞，
它一定是榜上有名的好選擇！

洽悉

翻譯米糕　「知道了」的意思。為什麼不就說「知道」就好了？因為很弱啊！如果出現：「有關台端來函表明擬捐贈消防車事宜，本府知道了。」好像真的有點弱對吧。

使用時機　對一件簡單的事情，表明已知的時候，為了維持高端的形象，便使用本詞。

例句：有關台端陳情遭 1999 市民熱線霸凌一案，本府洽悉。

延伸閱讀　# 諒達　# 撙節　# 逕復

不知道為什麼，用這句話的時候，總覺得對方是
站在某一種高度上和你說話⋯⋯

翻譯米糕 「想必你已經知道了」的意思。
有一種既然你已經知道了，那我就接著說了的語感。

使用時機 因為之前就已經發過文了（想必你已經收到了），所以這次我
就不多提了喔。（為什麼我總覺得這句話聽起來跩跩的！？）

例句:有關寶寶日前辦理之「偽公務員的菜鳥日記」貼圖抽獎活動（諒
達），請得獎者至信箱收取貼圖，或與寶寶聯繫。

延伸閱讀 #計達

其實這句話不難懂，而記起來以後，你也能簡單學會高級公文用語 ^_<

撙節

翻譯米糕　約束、抑制，省著用的意思。因為……有限，所以不能浪費。

使用時機　需節省某件事情，需要講得高雅聰慧一點的時候，這句話簡直超好用。

例句1：為撙節人力，擬不派員出席偽公務員的菜鳥日記粉絲見面會。
例句2：為撙節開支，屋裡寶寶的貼圖擬不編列預算購買。

延伸閱讀　# 人力撙節　# 撙節開支

它有個同為天寶年間的好朋友：至紉公誼。
看你喜歡單獨使用，還是讓它們兩個一起出現。

翻譯米糕　對於所受到的恩惠，十分感謝的意思。又譯：您的大恩大德，
我們沒齒難忘。（到底為何不簡單說聲「謝謝」就好？）

使用時機　用於平行單位，多用於說明的句末。表示你對他們感謝得不
要不要的。常與至紉公誼搭配使用。

例句：……（前略）另屋裡寶寶紙膠帶作為市長出國參訪禮品事宜，
請貴單位協助採購，毋任感荷。

延伸閱讀　#至紉公誼　#毋任感荷

240

這個古老用語，把非常簡單的
「3Q」說得非常難懂。

[至紉公誼]

3Q!

（翻譯米糕） 非常感謝您在公務上的協助。Thank you very much.
敬我們在公務上深深的友誼，滿滿的大感謝。

（使用時機） 用於平行單位。在句末表達對他們的感謝之意。雖然略顯拗
口，但用了以後能增加專業度，讓貴單位顯得聰明有禮。
例句：有關屋裡寶寶粉絲頁推廣一案，懇請貴局協助公告於官網，
至紉公誼。

（延伸閱讀） #實感德便 #至紉公誼

履 歷 表

姓名	屋裡寶寶	性別	女
年齡	5y2m14d	經歷	衙門基層菜鳥公務員
現職	《偽公務員的菜鳥日記》版工 / 私人礦勞工		
專長	蓋章／作文／客戶服務／溝通／角色扮演 旅遊代辦／自問自答／跑(文)		
自傳	屋裡……		

全台灣最頑固的客戶,都在左捕啖 1999無誤!

特別擅長直向(上對下)溝通,但橫向(跨局處)溝通極無能。

……生的庵生……覺得這社會極度仇視公務員並不合理,希望有一天所有人都能好好地說出自己的職業而不被批判。為此展開了一場艱難而天……

尤其是扮演長官,看是夢代擬發言稿、代序和代為出席,都OK啦 ^^

寫在最後

每當深夜回想起這十幾個月的衝動，都會覺得是一件意猶未盡的事情。在變成「無趣的大人」之前，還能用力做一些想要改變世界的傻事，不知道算不算是件很 rock 的事。

其實，我們都知道，這世界上的惡意並不是能受控的。但我還是認為，聽到公務員就反射性地厭惡和排斥，接著就拒絕進行任何討論，這真的是一件很低級的事情。除了「不爽不要做」、「你知不知道外面的勞工很可憐」以外，憤怒的族群是不會管當下討論的議題究竟是什麼。

身為一個資深的網路重度使用者，當然略懂網路上的酸民是如何征戰各大議題，又是如何在一個又一個爭議事件上帶領風向，只是怎麼也回想不起來，究竟是什麼時候「公務員」會變成一個讓人不齒的職業選項？

回想起我成長的每個過程，雖然總是會有公務員上班摸魚的刻板印象，但長輩總是會不經意流露出，如果長大以後考上公務員也不錯，至少有份穩定的薪水，福利和保障也都很好。曾幾何時，連這件事也在一次又一次的改革中，政府給公務員的保障，慢慢一樣樣的被砍掉了。不合理的福利是砍了，相對地連公務員的尊嚴，好像也在一次次誇大的報導中慢慢不見了。

我在公部門的時間並不算長。公部門帶來給我的經驗，並不是什麼輕鬆愉快、吹著冷氣等下班的軟爛工

作。而是每一天、精實又苦悶地，追趕著每一個即將逾期的公文，辦理著不合理大過於合理的各種案件，配合著各大局處和民代，遵從了一個比一個還要大頭的長官。從來沒有太輕鬆過。

可能我的運氣比較好，初出社會，就到了一個流動率高、平均年齡又低的單位。那是一個雖然是公部門，卻充滿活力的地方。我的工作既忙碌又神奇，狗屁倒灶的事情雖然源源不絕，但喘不過氣的時候，又好像能找到一些有趣的事情讓人留戀。

還記得有一陣子，每天都揹著一台烏克麗麗去上班，在每個午休掛上民眾電話後，開始自彈自唱，忘記有多少個午後，在會議室和朋友們一起壓著幾個特難的和弦練習。更別說在辦公室那個與世隔絕的窗外燉著午餐的蒜頭雞湯，或是一起組成熱血的女子龍舟隊（雖然遇上颱風，導致賽前只有練習過一次，差點連槳都忘記怎麼划）的這種難忘的特別回憶了。

在這個非典型的公部門中，結交了一群非常交心的朋友。跟他們一起的時候，覺得就算自己被絞在不可理喻又複雜的國家機器之中，還是能想點辦法撐下去，用盡全力地，試著讓這個城市照著自己覺得對的方向走去。

經過了幾年，夥伴們漸漸散去了，不知道是熱血總有用盡的一天，還是大夥真的需要喘息的空間。老大升官了，其他長官不是退休就是調到其他地方去，剩下一些夥伴們有的調離原地，有的抽身離開，這個滿載我回憶的神祕非典型公部門，離奇地只存在當事人的心裡，消失在這個城市裡。

後來我來到了私部門，這個雖然沒有活力、沒有夢想，卻在城市裡賺著富人財產的地方。說來非常諷刺，但真正能夠快速推動城市改變的，並不是政府，而是資本，是我現在所在的私部門。有時候真的很懷疑，那些和我一起貢獻著青春、閃閃發光歲月中做過的那些努力，在這座城市裡面到底有著什麼意義？

然後，在這個追逐著利益的公司裡，日復一日一直到某個晚上，叛逆的靈魂甦醒，決定用自己的方式在這個城市繼續戰鬥。

雖然看不到盡頭，或許也撼動不了什麼，可能就只會是一個自 high 的過程。那就當做交交朋友、用自己的邪惡人格在這個酸民的世界戰鬥了一回吧。

這短短的里程其實滿有趣的，遇見太多、太多有趣的人事物，世界還很大，路上會遇見什麼都還很難說，帶著好奇的眼睛，我還想再看遠一點。相較於那些美麗的、搞笑的、厭世的、爆紅的網紅們，這樣一點一滴，訴說著自己想要傳達的事情也是不錯的吧。慢慢來，比較快。謝謝這個城市給了我一個往前衝的動力。

還有謝謝你們。

Wulibaobao

簽 於偽公務員的菜鳥日記

主旨： 為本寶寶潛伏公部門多年經歷之作品集結成冊一案，簽請核示。

說明： 一、旨揭案於 2016 年成立粉絲頁《偽公務員的菜鳥日記》，並持續分享有關衙門中難以啟齒卻每日都在發生的日常，經營至今已有近五萬名粉絲加入，先予敘明。

　　　　二、上開粉絲頁之追蹤者多為公部門工作同仁，對於出版成冊事宜多表支持態度，本案如奉核可，擬將旨揭案出版成冊，並期透過本書，進而使更多對公部門尚不了解之民眾，能夠因理解而減少公私部門的誤會和摩擦，進而相互尊重和體諒。

擬辦： 本案如奉核可，擬依說明二辦理。當否？
　　　　敬陳核示

圖解
偽公務員的菜鳥日記：給跳坑公職的青年、水深火熱的
公僕、合約上的乙方苦主、對公家單位森七七的小老百姓

2018年11月初版　　　　　　　　　　　　　　定價：新臺幣399元
有著作權・翻印必究
Printed in Taiwan.

著　　　者	屋　裡　寶　寶	
繪　　　者	屋　裡　寶　寶	
叢書主編	李　　佳　　姍	
校　　　對	施　　亞　　蒨	
整體設計	ANZO Design	
編輯主任	陳　　逸　　華	

出　　版　　者	聯經出版事業股份有限公司	
地　　　　　址	新北市汐止區大同路一段369號1樓	
編輯部地址	新北市汐止區大同路一段369號1樓	
叢書主編電話	(02)86925588轉5320	
台北聯經書房	台 北 市 新 生 南 路 三 段 9 4 號	
電　　　　　話	(0 2) 2 3 6 2 0 3 0 8	
台中分公司	台 中 市 北 區 崇 德 路 一 段 1 9 8 號	
暨門市電話	(0 4) 2 2 3 1 2 0 2 3	
台中電子信箱	e - m a i l：linking2@ms42.hinet.net	
郵 政 劃 撥 帳 戶 第 0 1 0 0 5 5 9 - 3 號		
郵 撥 電 話 (0 2) 2 3 6 2 0 3 0 8		
印　　刷　　者	文 聯 彩 色 製 版 印 刷 有 限 公 司	
總　　經　　銷	聯 合 發 行 股 份 有 限 公 司	
發　　行　　所	新北市新店區寶橋路235巷6弄6號2樓	
電　　　　　話	(0 2) 2 9 1 7 8 0 2 2	

總　編　輯	胡　　金　　倫
總　經　理	陳　　芝　　宇
社　　　長	羅　　國　　俊
發　行　人	林　　載　　爵

行政院新聞局出版事業登記證局版臺業字第0130號

本書如有缺頁，破損，倒裝請寄回台北聯經書房更換。　ISBN　978-957-08-5197-7 (平裝)
聯經網址：www.linkingbooks.com.tw
電子信箱：linking@udngroup.com

國家圖書館出版品預行編目資料

偽公務員的菜鳥日記：給跳坑公職的青年、水深
火熱的公僕、合約上的乙方苦主、對公家單位森七
七的小老百姓/屋裡寶寶著．繪．初版．新北市．聯經．
2018年11月（民107年）．248面．16×19公分
ISBN　978-957-08-5197-7（平裝）

1.公務人員　2.通俗作品

573.4　　　　　　　　　　　　　　　　　　　107017924